歴史文化ライブラリー
81

毘沙門天像の誕生

シルクロードの東西文化交流

田辺勝美

吉川弘文館

目次

なぜ毘沙門天なのか

毘沙門天の複雑さ

毘沙門天とは

毘沙門天《びしゃもんてん》といえば、五穀豊穣、商売繁盛、家内安全、長命長寿、立身出世などの現世利益《げんぜりやく》を授けてくれる七福神の一人として、あるいは奈良の東大寺戒壇院の例のような四天王（護世四天王《ごせしてんのう》）の一人（多聞天《たもんてん》）として武将の姿で描写されているから、われわれ日本人にとっては比較的馴染《なじ》み深い尊像であろう。ただし、布袋《ほてい》、福禄寿《ふくろくじゅ》、弁財天などの他の六人の福の神に比べると、毘沙門天だけが武装した厳《いか》めしい姿をしているので、少々違和感を感じざるをえないのも事実であろう。

そして、毘沙門天にせよ多聞天にせよ、その名前からして仏教と密接な関係にあることも容易に想定されよう。これらの名称はサンスクリット語のヴァイシュラヴァナ

（Vaiśravaṇa）ないしヴァイシュラマナ（Vaiśramaṇa）を漢訳したもので、毘沙門天はその音訳、多聞天はその意訳であるから、両者は本来同一のものであった（毘沙門天の「沙門」は実際にはシュラマナ〔śramaṇa、仏弟子〕の音訳）。

一方、わが国には毘沙門天像のほかに、兜跋《とばつ》毘沙門天像（図1）というインド、中国など他国では問題にされない特殊な大問題が存在する。日本仏教美術史の専門家は早くから、毘沙門天像とは異なる特色を有する兜跋毘沙門天像に着目し、研究の対象としてきたので、論文も数多く発表され、毘沙門天像の問題を複雑にしている。このようなわけで、毘沙門天像（多聞天像）ないし兜跋毘沙門天像は四天王像の中では最も研究されてきた天王像である。しかしながら、毘沙門天あるいは多聞天という仏教の守護神がどのようにして誕生したのか、あるいは、なぜ毘沙門天は福の神になったのか、あるいはその最古の像はどのようなものであったのかという基本的な問題に関しては、日本はむろん、外国の研究者もその詳細を今までほとんど明らかにすることはできなかった。

確かに毘沙門天は中国や日本の仏教に深くかかわりあっているのだから、その像も仏教の発祥の地インドに生まれたと考えるのが常識的な見解であろう。この点に関しては、四天王像の原型が遅くとも前二世紀ないし前一世紀にインドに存在したことが確認されているから、わが国の四天王とその図像がインド起源であるといっても必ずしも間違いとはいえないであろう。

しかしながら、毘沙門天の成立および毘沙門天像の誕生にまつわる歴史的事実はインド起源で片付けられるほど単純ではないのである。だから、かつて京都大学の東洋史教授宮崎市定《いちさだ》氏のように、毘沙門天はイランのゾロアスター教の神ミスラ（インドではミトラ、ローマではミトラス）であるというような奇想天外な論文も世に現れたのである（「毘沙門天信仰の東漸に就て」『京都大学史学科紀元二千六百年記念史学論文集』一九四一年、『アジア史研究』同朋舎、一九七四年、三〇四〜三三五ページ）。

誕生の歴史的背景

このように毘沙門天および毘沙門天像の起源と誕生の問題に関してはインドと仏教はむろん、考察の対象としなければならないが、それ以上に、中央アジアのイラン系民族の宗教、文化、さらに遠く地中海世界のギリシア、ローマ美術までも視野に入れないと、解決することはできないのである。

幸い筆者は、数年前に最古の毘沙門天像（弓矢を持つ）が、パキスタン北部のガンダーラ地方で制作された仏伝浮彫りの一つ——釈迦牟尼《しゃかむに》の出家の場面を描写した「出家《しゅっけ》踰城《ゆじょう》図」——に描写されていることを発見した（拙論「兜跋毘沙門天像の起源」『古代オリエント

図１　兜跋毘沙門天像（８〜９世紀、京都、東寺）

博物館紀要』第一三巻、一九九二年、九五〜一四五ページ、「出家踰城図のイラン系武人像再考」同紀要、第一七巻、一九九六年、二五〜六三ページ）。そして、その起源を研究している間に、毘沙門天像が生まれてきた歴史的事情というものが、きわめて複雑で興味深いものであることもわかってきた。それは簡単にいえば、西暦一〜三世紀ころにパキスタン北部のガンダーラ地方においてなされた、複雑な東西文化の交流の典型的な産物として毘沙門天像が誕生したということである。

つまり、毘沙門天という天部および毘沙門天像はインドに生まれる可能性はほとんどなく、パキスタン北部のガンダーラという特殊な地域——インド人から見れば辺境ということになろう——だからこそ誕生したといえるのである。その特殊な事情とは、この地が南東はインド、北および北西は中央アジア、西はイランからメソポタミア、南はインド洋から紅海（エリュートゥラー海）を通してギリシア、ローマの地中海世界に結ばれていた「文明の十字路」にあったということである。

この地は、古くはインド・アーリヤ系民族、やがてアケメネス朝ペルシア、アレクサンダー大王、ギリシア人のインド・グリーク朝、中央アジアやアフガニスタンからやってきたイラン系の民族（インド・スキタイ、インド・パルティア、クシャン族）、さらにイランからメソポタミアにかけて大帝国を樹立したササン朝ペルシア（およびその分家のクシャノ・ササン朝）などが相続いて支配するところとなった。そして、ガンダーラはいつも中央アジアやイラン高原からの侵入者にとっては「インドへの門」として重要な位置を占めていた。

ガンダーラとクシャン族

このように地理的にはきわめて特殊な地点にあったガンダーラには、さまざまな外国の文化が伝播《でんぱ》したので、その当然の結果としてさまざまな文化を融合した折衷的な文化を生み出す土壌が醸成された。その代表的なものがクシャン朝時代（一～三世紀）に興隆した仏教美術であって、わが国でも、最初に釈迦牟尼の肖像＝仏像を創造したガンダーラの仏教美術として著名である。

このガンダーラの仏教美術は、基本的にはインド由来の仏教の精神的な内容をギリシア、ローマの彫刻技術を用いて造形化したものである。それゆえ、ガンダーラの如来像、菩薩像、女神像や多数の仏伝浮彫りを見れば、ギリシアやローマの写実的な様式やモティーフが幅広く用いられていることが判明し、東西の文化交流の果たした偉大な貢献の跡を理解することができる。

しかしながら、ガンダーラの仏教美術を生み出した国際的な文化交流は、インドとギリシア・ローマの間だけで起こったのではない。それを推進したのはインド人でもギリシア人でもローマ人でもない。そうではなく、中央アジアから南下したイラン系のクシャン族（貴霜）である。この民族は古くは中国の北方に住んでいた遊牧民（大月氏《だいげっし》）ともいわれるが、一世紀の半ばに北はオクサス河中流域、南はガンジス河流域に至る大帝国を建国した。そして、国内の政治的安定と外国との貿易によって富がガンダーラの地に集中し、それによって仏教文化が栄えるようになった。その繁栄ぶりは、現在もガンダーラの各地に散在する多数の伽藍《がらん》の廃墟とそこから出土した多数の仏教彫刻（片岩、ストゥッコ製）によって窺い知ることができる。

ガンダーラにおけるこのような仏教の興隆には、クシャン族（主に仏教に改宗した）が多大の貢献をなしたのである。とすれば、ガンダーラの仏教美術の中にも、クシャン族固有の貴重な貢献があると考えてもおかしくはなかろう。しかしながら、前世紀末から現在に至るまで、クシャン族、特に仏教に改宗したクシャン族のガンダーラの仏教美術に対する文化的貢献を正当に評価する試みは筆者の「クシャン族触媒論」を除き、皆無に近い状態であった（拙著『ガンダーラから正倉院へ』同朋舎、一九八八年、三〜五〇ページ）。おそらく先学たちは、中央アジア出身のイラン系遊牧民であったクシャン族は「野蛮人」であるから、文化的には何も貢献するようなものは持っていなかったと「先験的」に断定してしまったためであろう。

しかしながら、一九五〇年代にアフガニスタン北部のスルフ・コータルでクシャン朝の神殿遺跡と石灰岩製の国王像などが発見されて以来、クシャン族に対する評価が変化してきた。そして、このクシャン族の具体的な貢献がほかでもない、ギリシア、ローマの彫刻技術・図像とインドの仏教を結びつけたものであって、それを筆者はクシャン族仏教徒のいわば「触媒的役割」と評価したのである。その具体的な例がガンダーラやマトゥラー（インド中部）における仏像の誕生であり、その「触媒的貢献」を最も鮮明に物語るのが、ほかでもない本書で取り上げた「ガンダーラの毘沙門天像」なのである。

本書のねらい

このようなわけで、クシャン朝治下のガンダーラにおいて、ギリシアやローマの神像がどのように借用されて毘沙門天像が作られていったのか、その問題を図像学的な見地から考察するのが本書の第一の目的である。そして、その考察の過程において、実は毘沙門天像の源流は遠くギリシアやローマの文化・美術にまで遡ることを多面的に明らかにしたい。

一方、わが国では仏教美術の源流の一つとしてガンダーラの仏教美術が早くから注目され、紹介されてきた。そして、ガンダーラの仏教美術が中央アジア、中国（朝鮮）を経由して日本に伝播していく過程は「シルクロード」や「西域」に結びつけて理解してきた。

しかしながら、その場合、われわれが仏教美術を通してかいま見る「西域」の文化はほとんどインド止まりであったといえよう。だが、シルクロードはもっと西方、イラン高原を越えて地中海世界にまで続いていた。それゆえ、われわれ日本人の視野がガンダーラの仏教美術までたどりついているならば、もっと西方まで視野を拡げて日本の仏教美術や古文化の源流を見直してもいいのではないか？　特に国際化の必要性が叫ばれている今日、われわれの視野を東洋人の枠の中に閉じ込めておく必要はもはや無用であろう。従来の常識的視野を打破し、わが国の古文化の源流はギリシア、ローマにもたどりつける国際性を持っていたことを実証し、より広い世界美術史的な視座の中で、わが国の古文化を見直す糸口を具体的に示すのを第二の目的としたい。

毘沙門天像と兜跋毘沙門天像

毘沙門天像研究の問題点

はじめに述べたように、わが国では、毘沙門天《びしゃもんてん》像のほかに「兜跋《とばつ》毘沙門天」といわれる武将姿の天王像が数多く知られている。たとえば京都の東寺の「兜跋毘沙門天像」（図1）はその代表的なものとして著名である。そして、従来、「兜跋毘沙門天」とはどのような天王をいうのか、わが国の仏教美術の専門家はこの問題を解明しようと懸命に努力してきた。しかしながら、現在でも、「兜跋」という冠称に関しては納得できる答えが提示されてはいない。それほど、「兜跋」という言葉は難解である。

筆者の考えでは、「兜跋毘沙門天」なる名称はわが国で平安時代ないし鎌倉時代以後に登場したものであるから、毘沙門天および毘沙門天像の起源の問題についてはまったく関係がないので、特別に取り上げる必要はないとも考えられる。しかし、毘沙門天像に関心のある方々は当然、「兜跋毘沙門天」の問題が脳裏にあるはずであるから、筆者が本書においてこの問題に何も触れないで直ちに、インドやガンダーラの四天王や毘沙門天の問題から考察を始めれば、それは配慮に欠け、一方的ではないかと仏教学者から批判されないとも限らない。

また、「兜跋毘沙門天」と通称されている尊像の図像学的な特色は、ガンダーラの最古の毘沙門天像のそれとは異なり、またそれ以上の複雑な特色を持っているので、特別に扱う必要がある。少なくともわが国の「兜跋毘沙門天像」の源流が中国にあったことは諸先学の研究や最近の北進一氏の労作で明らかにされているから、「兜跋毘沙門天像」の起源の問題は本書では取り上げないことにしたい（北進一「兜跋毘沙門天の居ます風景」『自然と文化』第五二〜五八号、一九九六〜九八年）。

ただ本書では、「兜跋毘沙門天像」とわが国で呼ばれている天王像が毘沙門天像の起源にはまったく関係しないことを明示するために、「兜跋毘沙門天」の「兜跋」という冠称を中心に若干の考察を述べておきたい。従来「兜跋毘沙門天」の問題は、この「兜跋」という冠称の字義とその像容（仏塔を持ち、鳥翼冠（鳳凰冠）と鎧を身につけ、地天女《ちてんにょ》（Pṛthivī）と邪鬼に支えられる。図1参照）に存在した。一方、「兜跋毘沙門天」の像容については、源豊宗氏などの先学の言によれば、まず第一に左手に「宝塔」を右手に「戟《げき》」ないし「矛《ほこ》」を持つことである。第二の特色としては、足下に地天女および二人の鬼人（尼藍《にらん》婆《ば》と毘藍婆《びらんば》）を従えていることである。第三の特色としては胴鎧《どうよろい》をつけ、三面立ての宝冠（鳥ないし鳥翼の装飾がつく）を戴いていることである（源豊宗「兜跋毘沙門天の起源」『佛教藝術』第一五冊、一九三〇年、四〇〜五五ページ）。このような図像学的特色の起源については、それほど難しい問題はなく、すでにほぼ解明されているといえよう。

兜跋の意味

難しい問題は「兜跋」という二語にある。この文字に関する解釈は一九二五年に中川忠順氏が「兜跋毘沙門天像の一種異様な形態はトバート（吐《と》蕃《ばん》）に由来するもので、兜跋とは吐蕃式をいう」と述べて以来、「兜跋」＝吐蕃＝チベット説が有力視された（中川忠順「文化史より見たる西蜀」『東京帝室博物館講演集』第一冊、一九〜三四ページ）。ただし、吐蕃は現在のチベットではなく、中国新疆ウイグル自治区の南西部、ホータンを意味し、それゆえ、「兜跋毘沙門天」とは西域のホータンの毘沙門天像であると解釈された。

また、R・A・スタインは、M・F・グルナールなどの説に従って、「兜跋」はトルコ語の"Tubbat"、"Tobat"を音写したものであって、それは具体的には吐蕃が唐時代に領有したホータン地方を意味したという興味深い説を提示した（R. A. Stein, *Recherches sur l'épopée et le barde du Tibet*, Paris, 1959, pp.283, 289–290, 313, 394）。この説は現在、欧米の大半の学者が支持するところとなっている。確かに、吐蕃はトルコ語で"Tibbat"（テイッバト）や"Tubbit"（トゥッビト）とも記されるほか、中央アジアのソグド語では"twp'yt"（テュペット）、ウイグル語では"töpüt"（テュピュト）、ペルシア語では"tbt, twbwt"（トゥーブート）と表記されている。それゆえ、このような言語学的な見解は、吐蕃に関する限り間違いないであろう。

また、ホータン地方で毘沙門天信仰が特に盛んであったことは玄奘法師の『大唐西域《だいとうさいいき》記《き》』のクサタナ国に関する報告や、ホータン周辺の仏教伽藍址《がらんし》ラワクやダンダン・ウイリクからA・スタインが発掘した毘沙門天らしき天部（地天女を従える）の存在からも、この地方の毘沙門天像が中国に伝播《でんぱ》し、それを中国人が「兜跋毘沙門天」と別称した可能性もないとはいえないであろう（A.Stein, *Ancient Khotan*, London, 1907, Vol.I, pls.30–31, Vol.II, pls.II, XIV–c)。

図2　大聖毘沙門天像（8世紀半ば、敦煌出土、大英博物館）

しかしながら、トルコ語の名称がそのまま「兜跋」に適用できるかというと、必ずしもそうではないようである。というのは、「兜跋」（都鉢、都跋、刀八なども記す）は「屠半」（トハン）と記されるように吐蕃（トバン）に近い音を持っているが、漢文史料ではチベットは吐蕃、土蕃、土番、西蕃、土鉢、土波、土播思などとは記されても、「兜跋」とは記されていないといわれるからである（中村淳・松川節「新発現の蒙漢合璧少林寺聖旨碑」『内陸アジア言語研究』第八巻、一九九三年、六八ページ）。さらに中国では、日本人が兜跋毘沙門天像と呼んでいる天王像（図2）を単に「毘沙門天」と記しているし、また中国の仏典には「兜跋毘沙門天」という名称は現れていないといわれる。この敦煌《とんこう》出土の兜跋毘沙門像（図2）の頭部には一対の鳥翼がついているが、その意味するところは東寺の兜跋毘沙門像（図1）の宝冠の鳳凰像と同一であろう。

ホータンの重要性と限界

ホータンと毘沙門天

このように中国には「兜《と》跋《ばつ》毘《び》沙《しゃ》門《もん》天《てん》」という名称がなかった蓋然性がきわめて大きいわけであるから、「兜跋毘沙門天」という名称は中国人ではなく、中国以東、すなわち日本人（僧侶）が創始したに相違ない。とすれば、平安時代末から鎌倉時代の日本人（僧侶）がどのようにして、ホータン地方の「兜跋毘沙門天」を知り、その特殊な毘沙門天像に中国人も呼んでいない特別な冠称「兜跋」をつけて呼んだのか、その理由を解明しなければ、「兜跋毘沙門天像」はホータンに由来する特殊な毘沙門天像であるということはできないであろう。しかしながら、そのようなことは昔も今もまったく考究されていないのである。

事実、わが国の中世の僧侶も、「兜跋」の解釈には苦慮したようで、たとえば『阿婆縛《あさば》抄』巻第百三十六では「兜跋毘沙門天」について「世人弓ニ箭《や》ヲハケテ引クルヲ兜跋毘沙門天ト云フ也」と説明している（大正新脩大蔵経《たいしょうしんしゅうだいぞうきょう》図像部第九巻、四一八ページ下）。しかしながら、現存する兜跋毘沙門天像を見る限り、弓を持つ例はほとんどないから（例外―『別尊雑記《べっそんざっき》』巻第五十四、大正新脩大蔵経図像部第三巻、図像no.288）、このような解釈は妥当ではなかろう。

また、『覚禅鈔《かくぜんしょう》』巻第百十七に「ホータンの毘沙門天は鳳凰《ほうおう》を戴く」（大正新脩大蔵経図像部第五巻、五三四ページ下）と記されている点を論拠として、兜跋毘沙門天像の宝冠を装飾している鳥や鳥翼をホータンの兜跋毘沙門天像に結びつけようとする試みも先学によって行われた。しかしながら、A・スタインが発掘した毘沙門天らしき塑像は頭部が欠損していたので、この地方の毘沙門天像に鳥ないし鳥翼で飾った宝冠がついていたか否か、確認できなかったのである（Stein, *op.cit.*, Vol.I, pls.30–31, Vol.II, pl.XIV–c）。いずれにせよ、宝冠の鳥や鳥翼がホータンの毘沙門天に由来することは物的資料でもって証明されてはいないのであるから、松本栄一氏が述べているように『覚禅鈔』の一片の記録を鵜呑みにするわけにはいかないであろう（『敦煌画の研究』東方文化研究所、一九三七年、四三六ページ）。また、『図画見聞誌《とがけんもんし》』巻第五に「唐の車政道《しゃせいどう》がホータン国に行って北方毘沙門天王様式を伝えた」と記してあっても、はたして車政道がこの様式に従って八世紀前半に描いた毘沙門天像が鳳凰などの鳥冠を戴いていたか必ずしも明白でない（作例が残っていない）。

これらの疑問点に対して、兜跋毘沙門天像の足下に描写された地天女と二人の邪鬼《じゃき》の源流はA・スタインの発掘によりホータン地方もその候補地の一つであることが証明された。それゆえ、わが国の兜跋毘沙門天像の一属性を示すこのような三人の図像を「兜跋」に関係づけようとする研究も発表された（猪川和子「地天に支えられた毘沙門天彫像――兜跋毘沙門天彫像についての一考察」『美術研究』第二二九号、一九六三年、五三〜七九ページ）。しかしながら、「鳥」、「鳥翼」、「鎧」、「鉾（戟）」、「地天女」（尼藍婆、毘藍婆）は兜跋毘沙門天像の特色ではあっても、兜跋の字義とは関係がないと筆者は思う。「鳥」、「鳥翼」は毘沙門天が最初からつけている冠飾に関係し、「鎧」もガンダーラの最古の毘沙門天像にすでに見られるものである。ただし「鉾（戟）」以下の特色はホータンなど中央アジアないし中国で毘沙門天像に付加されたものである。このように兜跋毘沙門天像の像容上の特色の一つに「兜跋」を結びつけるのは妥当ではないから、先学たちが「兜跋」をチベット（ホータン）という民族ないし地域に結びつけて解釈しようとしたことはいちおう理解できる。とはいっても筆者は、このように「兜跋」をトルコ語の“Tubbat”, “Tobat”（ホータン地方やチベット）に結びつける解釈はしょせん「ゴロ合わせ」にすぎないと思う。

仏塔を持つ天王

むしろ、「兜跋」は松本栄一氏が述べているように、『図画見聞誌』、『益州名画録《えきしゆうめいがろく》』、『宣和画譜《せんながふ》』などに記す「託塔天王」「授塔天王」「捧塔天王」の「塔」に相当するのではないかと思う（『敦煌画の研究』、四四二～四四三ページ）。すなわち「兜跋」は「兜婆」（都婆《とば》、塔婆《とうば》）に同じではないかと思う。兜婆とは『大《だい》般涅槃経《はつねはんぎよう》』巻下に「時に八人の王、既に舎利《しやり》を得、それを勇躍頂戴し、本国に帰還して各々兜婆を建てた」と記すように、釈迦牟尼《しやかむに》の涅槃《ねはん》の後、八ヵ国の国王が仏舎利を得て帰国し、建立した仏塔（兜婆、ストゥーパ）をいう。このストゥーパはサンスクリット語（stūpa）であるが、ガンダーラ地方のプラークリット語では、トゥバないしトゥーバ（thūba）とかトゥパないしトゥーパ（thūpa）といわれていた。このトゥバ（トゥーバ）ないしトゥパ（トゥーパ）が漢字で「兜婆」（都婆、塔婆）と音写され、続いて類似の音の「兜跋」「都跋」「都鉢」でもって表記されるようになったと思うのである。

このような推論に従えば、「兜跋」は仏塔を意味するから、「兜跋毘沙門天」は「手に仏塔＝宝塔を持つ毘沙門天」ということになり、わが国の兜跋毘沙門天像の図像上の特色たる第三の要素「宝塔を右手に持つ」が毘沙門天の「冠称」となったと結論できよう。このように考えれば、中国人が「兜跋毘沙門天」と呼ばなかったのは、仏塔＝宝塔に格別の関心を持たなかったからであり、逆に一部の日本人（僧侶）が「兜跋毘沙門天」と別称したのは、仏塔＝宝塔に特別の意義を認めたからであるということになろう。

ホータンを越えて

いずれにせよ、兜跋毘沙門天像の問題は毘沙門天の起源および毘沙門天像の誕生の問題にはほとんど関係しない。わが国の兜跋毘沙門天像の直接的なモデルは中国（四川省）の唐時代以後の（兜跋）毘沙門天像にほかならない（北進一「四川省兜跋毘沙門天紀行」『自然と文化』第五六号、一九九八年、四五〜五四ページ）。その中国の（兜跋）毘沙門天像の源流がホータン地方に存在した可能性は全面的に否定することはできないかもしれぬが、ホータン地方の現在知られ、（兜跋）毘沙門天と推定されている像が中国の最古の（兜跋）毘沙門天像（六世紀前半）よりも古いか否か、必ずしも明らかではないのも事実である。むろん、『続高僧伝』巻第二によると、ホータンの南方、ヒマラヤ山脈の北方の山の頂で、六世紀の半ばにスワート出身の高僧ナレーンドラヤシャス（那連提黎耶舎）が毘沙門天の石像を見ているから、ホータンにもすでに六世紀前半に毘沙門天像が存在していた蓋然性は大きい。

また、毘沙門天像がまずガンダーラで創造され、その毘沙門天像がホータン地方に伝播した後、ホータン地方で独自に発展し、変貌したのか、その過程も物的資料でもって証明されてはいない。特に、ホータンのいわゆる（兜跋）毘沙門天といわれる像はその数が少ないこともあって、当地の毘沙門天像の全貌を物語ってはいないという致命的な欠陥がある。それゆえ、ホータンの（兜跋）毘沙門天らしき像をいくら深く研究しても、毘沙門天の起源と毘沙門天像の創出の問題は解明の糸口すら見つけることはできないのである。毘沙門天をはじめとする四天王は仏教の発祥の地インドに深く根ざしたものであるから、まず、古代インドの四天王像について考察しなければならない。

古代インド・ガンダーラの四天王像と毘沙門天像

四方位と仏教

東西南北と支配者

わが国の四天王像の原型が古代インドにあることはすでに述べたが、ここではそれをもう少し具体的に述べておきたい。古代インドにおいては、東西南北の方位に、方位を守護する天部（護世四天王《ごせしてんのう》）を配していた。あるいは東西南北の間にさらに四人の天部（神）を配して八方天とする場合もあった。たとえば『ヤジュル・ヴェーダ』では、四天王としてアグニ（東）、ヤマ（南）、サヴィトリ（西）、ヴァルナ（北）の神が挙げられている。『シャタパタ・ブラーフマナ』ではアグニ（東）、ヤマ（南）、ヴァルナ（西）、ソーマ（北）が挙げられている。このようにバラモン教では東西南北の方位を守る神は必ずしも一定ではない。また、八方天としては、インドラ

（東）、アグニ（東南）、ヤマ（南）、ニルティ（南西）、ヴァルナ（西）、ヴァーユ（北西）、クヴェーラ（北）、イーシャーナ（北東）の神が想定されていた。

本書で問題とする毘沙門天《びしゃもんてん》をはじめとする四天王は本来、このような方位を守る守護神であった。これは、ギリシアやローマにおいて、東西南北の四風神、それにさらに四方位を加えた八風神（例―アテナイの風の塔参照）の考え方に相応しよう。

なぜ、このような四方位の観念がインドに現れたかといえば、それはメソポタミアの王権に関する重要な観念がアケメネス朝ペルシアなどを通して古代インドに伝播《でんぱ》したからである。メソポタミアではアッカド王朝が前三〇〇〇年紀半ばに興隆してメソポタミアにはじめて帝国を樹立すると、それまで都市国家単位で人民を統治していた司祭＝王に代わって、帝王の観念が生まれた。それは東西南北の広大な領土を支配するものであったから、その称号に「四方世界の王」という字句が用いられた。つまり、この称号は、この世、世界、宇宙の支配者という意味であって、後世のギリシア人諸王、アルサケス朝、クシャン朝、ササン朝など西アジアから中央アジアを支配した諸王朝の国王が常用した「諸王の王」や「王中の王」の観念に匹敵するものである。

このような帝王観は、遅くともインドのマウリヤ朝のアショーカ王（前三世紀）によって採用され、有名なアショーカ法勅柱の頂部を飾る四頭のライオン像、その下方のフリーズに描写された四種の動物（馬、象、牛、ライオン）によって、アショーカ王が東西南北の支配者であることを明示している。この帝王観は古代インドではいわゆる「転輪聖王《てんりんじょうおう》」という理想的な君主観に発展したことが知られ、仏教もそれを取り入れている。

四天王と仏陀

一方、インドや仏教内部においては、もともと仏陀釈迦牟尼《ぶつだしゃかむに》をギリシアの神々のような擬人像で描写する造形美術の伝統はなかった。それゆえ、仏陀や菩薩《ぼさつ》を造形化する必要が生じた時には、まずアショーカ王などのような世俗の国王像や国王観を借用して、世尊をイメージせざるをえなかった。あるいは、太陽などの自然現象（神話）を参照して釈迦牟尼の偉大さを脚色した（É. Senart, *Essai sur la légende du Bouddha*, Paris, 1882)。

かくして、仏陀釈迦牟尼のイメージは「転輪聖王」に匹敵するものとして考えられたので、当然のことながら、「四方世界の支配者」という観念が仏教に取り入れられ、釈迦牟尼も宗教的には「四方世界の支配者」となった。そして、その相対的な地位の高揚に、ヒンドゥー教（バラモン教）でも受容していた四天王をあたかも従者、護衛者として利用したのである。仏教がバラモン教やヒンドゥー教と異なる点は、四天王にバラモン教やヒンドゥー教の正統な神々ではなく、一般民衆の信仰の対象であったヤクシャ（夜叉）だけを採用したことであろう（ただし、ヤクシャのクヴェーラはヒンドゥー教にも共通）。ヤクシャはバラモン教やヒンドゥー教では下等な神として位置づけられているが、本来は樹神や樹精であったといわれる。これらの民間信仰を取り入れることによって、仏教教団は一般民衆からの幅広い支持を期待したのであろう。

仏教の四天王はインドの「宇宙論」に従えば、須弥山《しゅみせん》の中腹の東西南北の地に割拠している。そして、その上方には帝釈天（インドラ）が支配する三十三天がある。また、毘沙門天（多聞天《たもんてん》）の原型たるクヴェーラはヒマラヤ（大雪山）のカイラーサ山の宮殿に住んでいるとみなされていた。

また、「四方位」の観念は釈迦牟尼の伝記にも採用され、釈迦牟尼が「転輪聖王」に匹敵する偉大な人物であることを強調している。たとえば、釈迦牟尼は誕生すると直ちに地上に立ち、東西南北に七歩歩いて獅子吼《ししく》したなどと仏伝には記されているが、これはまさに「四方世界の支配者」を前提とした挿話である。また、釈迦牟尼の舎利を収めたという仏塔はガンダーラでは正方形の基壇の上に建設されているが、正方形は「東西南北」を意味している。基壇自体は「玉座」などの「座」に等しく、その上にあるもの（仏陀）の地位を高揚する意味があった。この「座」のシンボリズムは西アジアに起源し、イランを通してガンダーラに伝播したものである。

そしてこの仏塔（釈迦牟尼の代用品＝象徴）を守護する天部（神）として、すでに知られていたヤクシャ系四天王を利用したのである。その最古の例がガンジス河流域のバールフットに残っていた（現在はインド博物館、カルカッタに展示されている）。

四方位を守るヤクシャ

仏塔の周りに配された石柱（前二〜前一世紀）には四人のヤクシャの姿が浮彫りされていた。この四人のヤクシャとは、東のドゥリタラーシュトラ・ヤクシャ（持国天《じこくてん》）、南のヴィルーダカ・ヤクシャ（増長天《ぞうじょうてん》）、西のヴィルーパークシャ・ヤクシャ（広目天《こうもくてん》）、北のクヴェーラ・ヤクシャ（多聞天＝毘沙門天）であったが、残存していたのは南と北のヤクシャ像（図3）だけであった。しかし、ここに、東大寺の戒壇院などわが国の四天王像の配置の原型が存在することは疑問の余地がない。

この二人のヤクシャ像の外観はほぼ同じであるから、頭部の上方にブラフミー文字でそれぞれの名称が記されていなかったら、ヤクシャ名を特定することは難しかったであろう。そして、このような外観は世俗の貴人一般とは区別できないものである。つまり、明らか

図3　クヴェーラ像（前2〜前1世紀、バールフット
インド博物館、カルカッタ）

図4　出家踰城図浮彫り（前2〜前1世紀、バールフット、
アメリカ個人蔵）

図5　誕生図浮彫り（2〜3世紀、
アマラーヴァティー、大英博物館）

に、クヴェーラとヴィルーダカの服装はインド人王侯のそれを模したものである。

また、バールフットからは釈迦牟尼の出家時の様子を描写した浮彫り（図4）も発見されている。後述するように、釈迦牟尼は二九歳の時、夜半、馬のカンタカに乗ってカピラヴァストゥの城を出ていくのであるが、その時、四天王が馳せ参じたことが仏伝に記されている（後述一〇〇〜一〇一ページ）。この浮彫りには釈迦牟尼の姿は描写されず、僅かに仏足石でその存在が暗示されているにすぎない。また、馬の背後には払子《ほっす》と傘蓋《さんがい》が描写されているが、これも王家の象徴であるから、釈迦族の王子たる釈迦牟尼を暗示している。地面に撒《ま》かれた花も出家時に天部たちが王子の出家を讃えて散華したものである。

四天王は平等

問題はこの馬の周囲に配された四人の王侯風人物である。かれらが四天王を描写したものであることは疑問の余地がないが、頭にターバンをまいた男子像は皆、ほぼ同一の外観をしているから、どれがクヴェーラで、どれがヴィルーダカであるか識別がつかない。

このように、古代インドで四人のヤクシャが四天王として用いられていたことは判明したが、かれらはすべて一様、平等に扱われているので、北方のヤクシャ＝クヴェーラを識別することはできない。このような現象は、南インドのアマラーヴァティー、ナーガールジュナコンダなどで二～三世紀に制作された「托胎霊夢《たくたいれいむ》（懐妊）図」、「誕生図」（図5）、「出家踰城《しゆつけゆじよう》図」、「降魔成道《ごうまじようどう》図」などの浮彫りにおいても見られる。すなわち、四天王は一様にインド人王侯風の外観で描写されているので、クヴェーラをはじめ各天王を特定することはできないのである。

このような事実は、インドにおいては東西南北の方位全体が重要であって、個々の方位の守護神は特別視されていなかったことを示している。つまり、毘沙門天の原型である北方のクヴェーラ・ヤクシャはまだ特別な地位を与えられていなかったのである。そして、その外観には、わが国の武人姿の毘沙門天（多聞天）に通じる特色は皆無であるから、釈迦牟尼や仏法の守護神という観念も強調されてはいない。また、わが国の毘沙門天には七福神の一人として財宝や富を司る「福の神」の要素もあるが、このバールフットの浮彫りに描写されたクヴェーラ・ヤクシャ像（図3）にはそれを顕示するようなものはなにもない。結局、釈迦牟尼の舎利を収めたと見なされた仏塔（仏教）に東西南北の守護神が服従しているという点が重視されているのである。換言すれば、四天王像は仏陀と仏法の地位を相対的に高めるための造形装置の一つでしかなかったのである。

北方の守護者クヴェーラ

また、ここで強調しておきたいことは、北方の守護神はクヴェーラであって、毘沙門天（多聞天）とは呼ばれていなかったことである。インドの二大叙事詩の一つ『マハーバーラタ』や『ヴァーユ・プラーナ』などの文献において、「毘沙門天はヴァイシュラヴァスの子供である」と記されている点を根拠にして、毘沙門天は「ヴェーダ」以来の古い神であるという主張がなされているが、このような「系譜」は後世の創作でしかないから信用すべきではない。ヴァイシュラヴァスなどという名前は、毘沙門天が四天王の首領的存在になった後にデッチあげたもの(Vaiśravaṇa → Vaiśravas) である。

事実、インドではかなり後世までクヴェーラ（クベーラ）の名称が用いられ、中世のヒンドゥー教美術にもヤクシャのクヴェーラとして描写されている。これは仏教についてもいえることで、たとえば、『阿育王経《あいくおうきよう》』巻第六においては、四天王の一人はクヴェーラを音訳した「鳩鞞羅《くびら》」、「拘鞞羅《くびら》」、「金比羅《こんぴら》」と記され、毘沙門天（多聞天）とは記されていない。

結局、インドにおいては、ヤクシャのクヴェーラから毘沙門天（多聞天）へと発展、変貌する必然性がまったく欠如していたのである。そのようなことが可能であったのは、ヤクシャの信仰とは本来無縁な民族が住んでいた北方地域、すなわち中インドから見た場合の北方（クヴェーラの住処）、現在のパキスタン北部のガンダーラ地方しかなかったのである。

四天王捧鉢

前章で示唆したように、毘沙門天《びしやもんてん》像は古代インドではなく、中央アジア文化圏の南端ともいうべきガンダーラにおいて誕生した。その過程を釈迦牟尼《しやかむに》の生涯を記した仏伝の挿話の一つ「四天王捧鉢《ぼうばち》」を描写した浮彫りを参照して考察してみよう。実は毘沙門天像の誕生にとって最も重要な仏伝図浮彫りは「四天王捧鉢図浮彫り」ではなく、もう一つの別の挿話「出家《しゆつけ》踰城《ゆじよう》」を描写したものであるが、これは「毘沙門天像の発見」の章において考察することにする。

『普曜経』の挿話

ガンダーラの仏伝浮彫りにはさまざまな人物が描写されているが、かれらは原則としてプラークリット語ないしサンスクリット語で記された仏伝に登場する人物である。それゆえ、あらかじめ関連する仏伝の内容を知っていないと浮彫りの個々の人物像や意味が理解できない。

このようなわけで、まず四天王捧鉢図浮彫りの典拠となった仏伝「二商人奉食品《ほうじきぼん》」などの内容について略記することからはじめよう。たとえば、サンスクリット本『ラリタヴィスタラ』(Lalitavistara)第二四章や『ブッダチャリタ』(Buddhacarita、漢訳『仏所行《ぶっしょぎょう》讃《さん》』)の第一四章、漢訳『普曜経《ふようきょう》』巻第七商人奉麨品《ほうしょうぼん》第二十二、『方広大荘厳経《ほうこうだいしょうごんきょう》』巻第十商人蒙記品《もうきぼん》第二十四、『仏本行集経《ぶつほんぎょうじゅっきょう》』巻第三十二二商人奉食品、『過去現在因果経《かこげんざいいんがきょう》』巻第三などの比較的古い経典には、釈迦牟尼がボードガヤーで悟りを得た後、最初の食事を採るのに用いるべき食器に関する大げさな挿話が記されている。釈迦牟尼が成道後に採った最初の食事はバッリカとトラプサという二人のバクトリアの商人によって与えられたが、その際、釈迦牟尼がそれを受け取る鉢を四天王が差し上げるという筋立《すじだて》になっている。

このように、あたかも四天王が釈迦牟尼に従属しているような内容の物語は、それによって釈迦牟尼の他の宗教(例—バラモン教など)に対する相対的な地位を高めようと教団(の高僧たち)が意図したからであろう。また、四天王の原型たるヤクシャを信仰していた農民や手工業者、商人たちの帰依を得ようとしたからであろう。

では、『普曜経』巻第七商人奉麨品第二十二を参照して、四天王の捧鉢の挿話を略記しておこう。

仏陀は成道後、食事を他人の手から直接ではなく、まずそれを鉢で受け取って食べるべきと考えた。その時四天王は頗那山《はなさん》にいたが、青い石で作った鉢を四個手に入れ、それでもって食事しようとしていた。その時、照明天子というものがいて、四天王に次のようにいった。今、釈迦牟尼という仏陀がいるが、普通の人が使う器ではなく四天王が持っているその鉢を用いるべきである。仏陀はまさに今、二人の商人から食事を受け取られようとしている。四天王は仏陀の所に行ってその鉢を献上しなさいといった。そこで四天王は照明天子とともに山から下りてボードガヤーの仏陀の所に詣で、各自がその鉢を仏陀に献上しようとした。しかし、仏陀はその中の一人だけから鉢を受け取れば、他の三人が不快に思うだろうと考えて、四天王すべてから鉢を頂戴しようと決意した。まず、提頭頼王《ドウリタラーシュトラ》（持国天）が鉢を献上すると仏陀はそれを受取り偈《げ》を唱えた。次に毘留勒王《ビルーダカ》（増長天）が鉢を献上すると仏陀はそれを受取り偈を唱えた。次に毘留羅叉王《ビルーラークシャ》（広目天）が鉢を献上すると仏陀はそれを受取り偈を唱えた。最後に毘沙門王（毘沙門天）が鉢を献上すると仏陀はそれを受取り偈を唱えた。仏陀はかくして四個の鉢を受取り、それらを左手で持ち、右手をその上に置いて四個の鉢を一個の鉢に合成してしまった。そしてその鉢には四個の鉢の縁の跡が残った（大正新脩大蔵経第三巻、五二六ページ下）。

この四天王の捧鉢の挿話によれば、四天王は仏陀から平等に扱われており、その中の一人だけを特別扱いすることを意識的に避けていることがわかる。これは、古代インドの四天王像の外観が一様であった事実に符合しよう。また、四天王の順位は東西南北となっているが、これは古代インドにおける方位の順序でしかなく、東のほうが北よりも価値が高いということを意味するものではなかろう。すなわち、毘沙門天の地位が持国天よりも低いということはなく、平等であることを示している。

ガンダーラの浮彫り(1)

では、次にこのような「四天王捧鉢品」を典拠として作られたガンダーラの四天王捧鉢図浮彫り（図6）を見てみよう。この作品はシクリの仏塔の伏鉢《ふくばち》の下部を飾っていた仏伝浮彫りの一つであるが、中央に一段と大きく描写された釈迦牟尼仏陀の左右にそれぞれ二人の天王が描写され、いずれも鉢を手に持っている。向かって右の天王の一人の頭部が破損しているが、四人の天王はすべてインド人王侯風の服装をしており、どれが毘沙門天ないしクヴェーラであるか断定が難しい。向かって右が左より地位が高いとすれば、右の二人は持国天と増長天で、左の二人は広目天と毘沙門天（多聞天＝クヴェーラ）であろう。いずれにせよ、四天王はまだ手に鉢を持っているので、一見すると、かれらが持つ鉢はかれらの個人用鉢であって釈迦牟尼仏陀に与えるものではないように見えるが、これはこの後、各天王が釈迦牟尼仏陀に鉢を手渡すことを暗示しているのである。

この作品のほかにもガンダーラの四天王捧鉢図浮彫りは若干知られているが、その場合、鉢の一つがすでに釈迦牟尼仏陀の手に渡された時の光景を描写した例（ペシャーワル博物館蔵、Inv.no.1064、藤田弘基『ガンダーラの遺宝』ぎょうせい、一九九六年、図版一三五）もある。また、釈迦牟尼仏陀が手にしている鉢の縁には二〜三の線が刻まれ、四個の鉢を一個にしてしまったことを暗示している例もある。しかし、釈迦牟尼仏陀が鉢を手にしていようといまいと、それは問題ではない。重要なのは、四天王の外観がほぼ一様で、四天王のそれぞれを特定できない点である。このような場合は四天王が平等に扱われているから、四天王の一人である北方の毘沙門天（多聞天）は、二八〜三〇ページで言及したバールフットの四天王の場合と同じく、当時はクヴェーラと呼ばれていた蓋然性が大きいといえよう。筆者には、外観がすべて同一の四天王像を見た場合、北方の天王を指摘するのは至難

図６　四天王捧鉢図浮彫り（１～２世紀、シクリ、中央博物館、ラホール）

図７　四天王捧鉢図浮彫り（３～４世紀、日本、個人蔵）

の業に近いように思われる。これは、今からほぼ二〇〇〇年も前のガンダーラの仏教徒にとっても同様であったに相違ない。各天王の頭上などにカローシュティー文字で名称が記されていなければ、各天王を特定できなかったはずである。

おそらく、このように外観がインド人王侯の姿で統一されている場合には、漢訳仏典の「二商人奉食品」などに「毘沙門天」と記されていても、ガンダーラの仏伝浮彫りでは「クヴェーラ」と解釈されていたとみなすほうが妥当であろう。このような図像は根本的にバールフットのヤクシャ姿の四天王像（図3）と同一である。少なくとも、毘沙門天を特別視する要素はこのような四天王捧鉢図浮彫り（図6）には存在しない。

ガンダーラの浮彫り(2)

しかしながら、ガンダーラの「四天王捧鉢図浮彫り」はこのような古代インド的なタイプばかりではない。もう一つ重要なタイプが存在するのである。それにはインドではない外来の図像的要素が顕現しているのである。

その一例としてわが国の個人蔵の「四天王捧鉢図浮彫り」（図7）を挙げておこう。この作品では、中央に、左手に鉢を持ち右手施無畏印《せむいいん》の釈迦牟尼仏陀が坐り、その左右には四天王が配されている。向かって右側には二人のインド人王侯風の天王が立ち、それぞれまだ鉢を手にしている。向かって左側にはもう一人のインド人王侯風の天王（頭部破損）が立ち、手に鉢を持っている。これら三人の天王はいずれも裸足《はだし》である。そして、この人物と釈迦牟尼仏陀の間に、他の三人とはまったく異なった服装をした男子が合掌して釈迦牟尼仏陀を敬っている姿が描写されている。毘沙門天像の解明にとって重要なのがほかでもないこの人物なのである。

この人物は、長袖の上着を着て、足にはゲートルないし靴下をつけ、他の三人とは異なり靴を履いている。さらに両肩を小さなマントで覆っているが、このマントはギリシア人の国王やローマの皇帝や将軍が身につけたパルダメントゥム（paludamentum）という小型マントであるが、このタイプのマントは、グレコ・バクトリア王国（Greco-Bactria）のギリシア人王によって中央アジアに伝播し、その後、クシャン族の国王に継承されたのである。

このように、この男子像の外観は他の三人の天王像のそれとはまったく異なっているので、一見するとこの人物はクシャン族などの世俗の王侯のように思える。特に手に鉢がないから、この人物は四天王の一人とは見えないかもしれない。とすれば、この人物はこの浮彫りを寄進した者の肖像であろうか？　しかしながら、図6の四天王捧鉢図浮彫りを参照すれば、四天王の一人が画面の上段に描写されるわけはないから、この世俗の王侯風人物も四天王の一人とみなさないわけにはいかない。

『方広大荘厳経』の挿話

では、この四天王の一人は誰に比定すればよいのであろうか？　向かって右側が左側より尊いならば、あるいはこの人物は東南の二人の天王ではなく、西北の二人の天王のいずれかであろう。しかし、逆に向かって左が右よりも尊いならば、それは東南の二人の天王ということになろう。このように、この図柄だけでは天王を特定できないので、先に引用した『普曜経《ふようきょう》』以外の仏伝の「二商人奉食《ほうじき》品」を参照してみよう。『方広大荘厳経《ほうこうだいしょうごんきょう》』巻第十商人蒙記品によれば、四天王捧鉢の挿話には次のように記されている。

二人の商人トラプサとバッリカから食事を受け取る時に用いる鉢はどのようなものが適当か仏陀が思案しているのを知った四天王は、各自が金鉢を仏陀に献上しようとした。しかし仏陀はそのような鉢は出家には相応《ふさわ》しくないといって拒絶した。この時、北方の毘沙門天は他の天王に次のように語った。昔、青身天というものがあって、我等四人に青石鉢をそれぞれ与えたではないか。そして日遍光という天人が我等に次のように語ったではないか。この鉢を使用してはならない。それを丁重に供養して塔を作れ。なぜかといえば、未来の世に釈迦牟尼という仏陀が現れるから、その鉢をその仏陀に献呈しなければいけない。そして毘沙門天は他の天王に、「この石鉢を布施するのは今、この時をおいてはない」と語った。各天王は自分の宮殿に帰り、その石鉢を持って再び釈迦牟尼の所にやってきた。そこで釈迦牟尼は、四人の天王が献上した石鉢をすべて受け取ろうと決意し、まず北方の毘沙門天の鉢を受け取り、続いて東方の持国天、南方の増長天、西方の広目天から鉢を受け取った。そして最後に、それら四個の鉢を合成して一個の鉢を作った（大正新脩大蔵経第三巻、八〇一ページ下～八〇二ページ上）。

この記述によれば、最初に石鉢を釈迦牟尼仏陀に差し上げたのは『普曜経』の場合とは異なり、「北方の毘沙門天」であることが判明する。それゆえ、図7の問題の天王は毘沙門天を表している蓋然性がきわめて大きいことが判明しよう。また、このように毘沙門天を最初に挙げるのは、東南西北の伝統的な順序に違反しているから、何か特別な意味があるはずである。さらに、上記の挿話では、毘沙門天があたかも四天王の指導者ないし首領のように、他の三人の天王に指示を与えている。これは毘沙門天の地位が他の三人の天王に比べて高くなっていることを明示しているといえよう。

ここで釈迦牟尼仏陀や他のインド人王侯風の天王の衣の襞《ひだ》（図7）の表現を観察すると、襞が二重平行線で描写されていることがわかる。このような様式的特色はガンダーラの衣文（襞）の様式では比較的後代に属し、H・インゴルトの研究によれば、三世紀半ばから四世紀半ばの特色であるという（H. Ingholt, *Gandhāran Art in Pakistan*, New York, 1957, pp.37-41）。それゆえ、このようなタイプの「四天王捧鉢図浮彫り」は前述した別のタイプのそれ（図6）よりも遅い時代に制作されたことが判明する。おそらく、クシャン朝の後半からクシャノ・ササン朝時代、すなわち三〜四世紀ころの作であろう。

毘沙門天の出現

イラン系の人物

このような特異な点を考慮して、上述したガンダーラの「四天王捧鉢《ほうばち》図浮彫り」（図7）を眺めてみれば、非インド的な服装をした人物が、最初に釈迦牟尼《しやかむに》仏陀に石鉢を差し上げた毘沙門天であることが判明しよう。この作品では、釈迦牟尼仏陀は毘沙門天《びしやもんてん》の鉢を手にしているのである。他の三人の天王の所有する石鉢はまだ釈迦牟尼仏陀には手渡されてはいない。このように、非インド的な服装で描写された毘沙門天を表した「四天王捧鉢図浮彫り」がペシャーワル博物館などに若干存在する（Inv.no.364M－桑山正進『カーピシー・ガンダーラ史研究』京都大学人文科学研究所、一九九〇年、図版9）。

次に、なぜこの人物が毘沙門天であって、クヴェーラではないかということを明らかにしておかねばならない。というのは、漢訳仏典に最初に石鉢を釈迦牟尼仏陀に差し上げたのは毘沙門天であると記されていても、ガンダーラの彫刻家が参照したり、あるいはむしろ僧侶から解説してもらった挿話では現地のプラークリット語（サンスクリット語）でクヴェーラと記されていたり、呼ばれていた蓋然性を否定できないからである。この作品（図7）の王侯像はインド人王侯の姿をしていないから、インド人王侯の姿で描写されたクヴェーラではない蓋然性がきわめて大きいことは自明のことである。というのは、クヴェーラと呼ばれていたとすれば、わざわざ非インド人王侯姿で描写する必然性はさらさらないからである。このようにクヴェーラらしくない外観でもって描写されるには、当然それなりの必然性があったと想定せねばならない。その必然性とは何であったのであろうか？

それには、ガンダーラすなわちインド北西辺境という地理上の特殊性を考慮せねばならない。インド人にとっては北は格別の意味を持たなかったにしても、ガンダーラに住んでいた人たちには北方の守護神は重要であったに相違ない。特に、当時のガンダーラの支配層がインド系ではなく、中央アジアから南下したイラン系民族（クシャン族）であれば、当地の守護神がインドのヤクシャあがりのクヴェーラでは面白くないと感じたであろう。そうとすれば、クヴェーラに代えて、もっとイラン系民族に相応しい守護神を持とうとするのは当然であろう。

ゾロアスター教の神々

このような感情はガンダーラやその周辺地域のイラン系の仏教徒にとっても同様であったであろう。北方の守護神の名前はむろん、その服装や頭飾りなどすべてかれらの文化に調和し、民族意識を満足させる必要があったのである。それゆえ、インド系王侯の服装に代えて、クシャン系王侯の衣服を用いて北方の守護神を造形化したのであろう。事実、『ヴィシュヌダルモッタラ・プラーナ』という図像学書の「プラティマーラクシャナ」によれば、毘沙門天の服装は「ウディーチュヤヴェーシャ」（udīcyaveṣa）、すなわち「北方人の衣服」であると記されている（D.C. Bhattacharyya, *Pratimālakṣaṇa of the Viṣṇudharmottra*, New Delhi, 1991, pp.62, 67）。これは明らかに、インドの北方たる中央アジアのイラン系民族の服装（長袖の上着＝チュニック、ズボン、靴）を意味している。

また、サンスクリット本『*Mahāmāyūrī*』（唐梵相対孔雀経？）には、「毘沙門天はトカラ人の守護者である」と記されている（S. Lévi, "Le catalogue géographique des Yakṣas dans la Mahāmāyūrī", *Journal Asiatique*, 1915, pp.27, 53)。トカラはオクサス河中流域のいわゆるトハーレスターンで、現在のウズベキスタン南部、タジキスタン南部、アフガニスタン北部に相当する。

このように毘沙門天は中央アジアとの結びつきが顕著であるから、クシャン族に代表される北方系民族の守護神に相応《ふさわ》しい存在を考えてみると、クヴェーラと同じような職能を持ったイラン系の神がクヴェーラにとって代わったと想定するのが最も論理的で妥当であることが判明しよう。クヴェーラには大黒天のような豊穣、富、財産、現世の幸福といった「福の神」としての職能があり、インドでもクシャン朝時代に太鼓腹の男子像で擬人化されていた。同じような現象はガンダーラにおいても起こっている。それは、ヤクシャの将軍のパーンチカ（Pāñcika. クヴェーラの部下）とその妻のハーリティー女神像（Hārītī. 鬼子母神）の夫婦像に見られる。この男女のペアー像は豊穣多産の神としてクシャン朝時代のガンダーラでは多くの信仰をかち得ていた。そして、このペアー像の中の女神を表すのに、ギリシアの都市の守護女神で豊穣を司るテュケー像（Tyche）あるいはローマの豊穣の女神フォルトゥーナ（Fortuna）の図像を借用している。また、同じくイラン系（ゾロアスター教）の豊穣の女神アルドクショー（Ardokhsho）を用いてハーリティー女神を表している場合もある。そして、テュケー、フォルトゥーナやアルドクショーを用いた場合（図8）、その夫のパーンチカはインド系のヤクシャ像ではなく、ギリシアないしローマ系、あるいはクシャン系の男性神の姿で表されているのである。この外来の神が後の毘沙門天像の原型になったのである。

ファッロー神

では、その非インド的な男性神はなんであったのであろうか？　それはファロー（Pharo）ないしファッロー（Pharro）と呼ばれたゾロアスター教の豊穣、富の神である。この神の特色の一つは、手に財布を持っていることである（図9）。もう一つの特色は頭部に一対の鳥翼を戴いていることである（図10）。わが国の兜《と》跋《ばっ》毘沙門天や中国の毘沙門天が鳳凰《ほうおう》を飾った三面立て宝冠（図1）を被っていたり、あるいはその頭部に一対の鳥翼（図2）がついているのを想起されれば、一対の鳥翼を頭に飾ったファッロー神が毘沙門天であることは容易に理解されよう。事実、この「四天王捧鉢図浮彫り」（図7）に描写されたイラン系の男子像の頭部（図11）をよく見れば、そこに一対の鳥翼が存在することがわかる。これによって、この男子像が毘沙門天であることが確認できるのである。この事実は、一九六七年に発行されたJ・M・ローゼンフィールド著『クシャン王朝の美術』（*The Dynastic Arts of the Kushans*, Berkeley/Los Angeles, 1967, p.

図10　ファッロー神、フヴィシュカ王金貨裏（2～3世紀、日本、個人蔵）

図8　ファッロー神・アルドクショー女神像（2～3世紀、タフティ・バイ）

図11　毘沙門天像の頭部（図7の部分）

図9　ファッロー神、フヴィシュカ王金貨裏（2～3世紀、大英博物館）

248, pl.83）ではじめて指摘された。しかしながら、ローゼンフィールドは毘沙門天とは断定せずに、毘沙門天ないしクヴェーラとみなしている。しかしながら筆者は、このようにイラン系（クシャン系）の服装をした天王はもはやクヴェーラと呼ぶべきではなく、クシャン族の服装が相応しい毘沙門天ないしはファッローと呼ぶべきであると思う。すなわち、この「四天王捧鉢図浮彫り」（図7）に描写されたようなクシャン王侯風の毘沙門天像はクシャン朝のファッロー神が仏教に取り入れられたものであると結論することができる。決してインドのヤクシャあがりのクヴェーラが姿を変えただけではないのである。このような大きな変化が、漢訳仏典において、クヴェーラに代わって毘沙門天が登場する契機となったことは間違いないであろう。

ファッロー神はクシャン族のパンテオン（神々）では重要な神格の一人としてカニシュカ一世やフヴィシュカ王が発行した金貨や銅貨の裏面に刻印されているので、次章において、このファッロー神について詳述しよう。

ファッロー神・ヘルメース神・メルクリウス神像

クシャン族のファッロー神の図像

クシャン朝のコイン

前章で述べたファッロー神（図9、10）はカニシュカ一世とフヴィシュカ王が発行したコインの裏面に頻繁に刻印されているが、その図像のタイプは九ないし一二種類に及んでいる。換言すれば、ファッロー神の相異なる図柄九ないし一二種類を陰刻した極印（コインに図柄を打刻するためのもの）が制作されたのであるから、クシャン朝にとってこの神がきわめて重要な存在であったことがわかる。ファッロー神はいずれも王侯風の男子像で描写されている。また、九ないし一二種類のタイプの中で、カニシュカ一世のコインに刻印されたのは最初の第一タイプ（図12）だけで、他の八ないし一一種類はすべてフヴィシュカ王のコインに刻印されたものである。それゆえ、ファッロー神はクシャン朝の後期、フヴィシュカ王の時代（二世紀後半〜三世紀初期）になってより幅広い信仰を急速にかち得たと推定できよう。

しかしながら、クシャン朝のコインに刻印されたこれらのファッロー神の像容すべてが毘沙門天《びしゃもんてん》のそれに一致しているわけではない。これら多数のファッロー神の図像の中から、ごくわずかの特色、持物などを適宜借用して毘沙門天像を作り上げたのである。まずファッロー神の頭部を見ると、ヘルメットを被った場合（図9）とそうでない場合（図10、11）があることがわかる。前者の場合にはヘルメットに一対の鳥翼がついている場合とそうでない場合がある。後者の場合にはディアデム（鉢巻き）を巻き、それに一対の鳥翼を差し込んでいる。手に持つ物としては、碗《わん》（図12）、火が燃えている香炉（図13）、リボンのついたディアデム、コインを入れた財布（図9）、笏杖《しゃくじょう》（図9、10、12、13）、剣などで、鎧《よろい》を着ている。碗はぶどう酒（豊穣の象徴）ないし水を入れるものであるから、豊穣の観念を象徴しよう。香炉は、ゾロアスター教の三大聖火の一つたるファルン・バーグ（＝幸運の授与者）などの聖火を象徴するが、『アヴェスタ』のヤシュト書第一〇章「ミフル・ヤシュト」によれば、ファッローの本質は火であるというから、またファッロー神の本質をも象徴していよう。ディアデムは正統・正当な王位の象徴であるから、イラン系民族の間では重要な「王権神授」を意味している。つまり、コインの裏面に刻印されたファッロー神が、コインの表に刻印された国王に王権を授与していることを意味している。財布は貨幣経済が発達したクシャン帝国における富の象徴であって、「福の神」を象徴する持物である。笏杖は本来、ヘルメース神の持つカドケウス＝神の伝令の杖であったが、それがガンダーラないしイラン系の杖（神、国王の標識）にとって代わられた。おそらく、古代イラン民族の神話にいう「カイ王朝の栄光」など正統・正当な王位を象徴するものであろう。剣はクシャン族の国王の肖像（コインの表）にも見られるので、国王の肖像に倣《なら》ってファッロー神に付け加えたとも考えられるが、おそらくファッロー神と習合した軍神ウシュラグノー（Oshlagno、図14）に由来し、武力を象徴しよう。鎧はフヴィシュカ王やヴァスデーヴァ王の肖像に見られるようにクシャン朝後期の国王像の特色の一つであるが、軍事力を象徴するものかもしれない。

頭光と火焔

一方、ファッロー神はしばしば円形頭光で荘厳されているが、円形頭光は神々が住む無量光の世界（asar roshnih）を造形化したものであるから、「光明の世界」に住む善なる神の標識であろう。また、ファッロー神が両肩から火焔を出している場合もある（図13）。両肩の火焔は通常、古代イランの神話で著名な「悪竜退治」

図15　カニシュカ１世肖像
（２世紀、大英博物館）

図16　舎衛城の双神変図浮彫り
（２〜３世紀、パイターヴァ、ギメ美術館、パリ。出光美術館『パリ・ギメ美術館展』1996年より）

図12　ファッロー神、カニシュカ1世金貨裏
（２世紀、日本、個人蔵）

図13　ファッロー神、フヴィシュカ王金貨裏
（２〜３世紀、大英博物館）

図14　ウシュラグノー神、カニシュカ１世金貨裏
（２世紀、日本、個人蔵）

を象徴する。このような特殊なモティーフはクシャン朝のウェーマ・カドフィセス王の金貨に刻印された肖像をはじめとするクシャン族諸王のコイン肖像（図15）に一般的に見られるが、その意味するところは、玄奘法師が『大唐西域記《だいとうさいいきき》』（迦畢試《かぴし》国＝カーピシーの項）で述べているカニシュカ王の悪竜退治の故事、さらに釈迦牟尼仏陀がシュラーヴァスティー（舎衛《しゃえ》城）でなした二つの神変《じんぺん》（魔術）を描写したいわゆる「焔肩仏《えんけんぶつ》」（図16、パイターヴァ出土、パリ、ギメ美術館蔵）の火焔に共通し、旱魃《かんばつ》を防ぎ農作物の豊作すなわち吉祥をもたらすことを意味する（拙論「パイターヴァ出土『舎衛城の双神変《そうじんぺん》』図浮彫に関する一考察」『東洋文化研究所紀要』第一三四冊、一九九七年、四三〜一〇七ページ）。ただし、このコイン（図13）のファッロー神は火焔が出ている香炉と関係しているので、火神アータル＝アトショー（Athsho）と習合していると解釈すべきかもしれない。アトショー神が吉祥（ファッロー神の職能）を司っていたことはカニシュカ一世金貨の裏面（図17）に刻印された同神がディアデム（吉祥の造形）を所持していることによって判明している。ファッロー神は右手になにも持っていない場合には中指と人差し指を重ねて「吉祥印」を結んでいる。このように「吉祥」という観念はファッロー神の基本的な性質である。

金嚢と福の神

以上で述べたさまざまな持物や標識はファッロー神の職能を表しているのであるが、本書の趣旨にとって重要なのは、「福の神」に関するものであろう。その典型的な例は「財布」ないし「金嚢《きんのう》」であるが、これはガンダーラの仏教彫刻（図8）やクシャン朝時代のスタンプ印章に描写されたファッロー神像などに見ることができる。この財布の源流は、ローマ時代のヘルメース・メルクリウス神（図18）に由来する。ただし、ガンダーラの「四天王捧鉢図浮彫り」（図6、7）に描写された毘沙門天にせよクヴェーラにせよ、財布（金嚢）は持っていないから、これを問題にする必要は当面なかろう。

図17　アトショー神、カニシュカ１世金貨裏（２世紀、日本、個人蔵）

図18　メルクリウス神（ローマ帝政時代、ドイツ、ヴァイセンブルグ出土）

また、カニシュカ一世のコインに刻印されたファッロー神だけが手にする碗（図12）は、毘沙門天、クヴェーラ、他の天王が持つ碗を想起せしめるが、これも直接的な関係はなかろう。とすれば、残るのは頭部の一対の鳥翼である。なぜ、毘沙門天の頭部にこのようなものがつき、またファッロー神の頭部にもそれがついているのであろうか？　常識的には、このような鳥翼が「福の神」の職能に関係しているとは考えられないであろう。というのは、頭部に鳥翼をつけた王冠を被った国王像としてササン朝の国王像、ホラズム王国（現ウズベキスタン西南部）のバザマラ王（四世紀）、エフタル族の国王（五～六世紀）などが知られているが、これらの王冠の鳥翼が「福の神」の職能を象徴するというような解釈は存在しないからである。

ゾロアスター教との関係

たとえばササン朝のバフラム二世（二七六〜二九三）のドラクマ銀貨の表（図19）に刻印された国王像の鳥翼冠を取り上げてみよう。

ウシュラグノー神

このバフラムという名前は近世ペルシア語の呼称で、古代ペルシア語ではウルスラグナと呼ばれていたゾロアスター教の神で、上述したクシャン朝のウシュラグノー神（図14）の名に相当する。ヤシュト書の第一四章「バフラム・ヤシュト」ではこのウルスラグナというのは戦勝を司る軍神で、一〇種類の生き物に変身すると記されている。そして、その化身の第七番目がウルスラグナ鳥（鷲《わし》、鷹《たか》、隼《はやぶさ》などの猛禽《もうきん》、漢訳仏典では鷹鶏と表記）で、第一〇番目が武装した戦士であった。このようなわけで、この神のシンボルとして猛禽やそ

図19　バフラム２世胸像、ドラクマ銀貨（３世紀、日本、個人蔵）

の鳥翼が用いられたのである。クシャン朝のコイン（図14）では、頭に鳥を飾ったウシュラグノーという名前の神として刻印されているが、第一〇番目の化身に相応《ふさわ》しく、クシャン族国王の服装をし、左手に剣（柄頭が猛禽の頭）、右手に槍を持っている。注意すべきは、このウシュラグノーの頭部の猛禽は翼はむろん、口や頭も描写されているので、ファッロー神の鳥翼だけの形式とは異なる点であろう。

それゆえ、ファッロー神の鳥翼はウシュラグノー神の猛禽を借用したものではないといえよう。むろん、このウシュラグノー神は「ファッローを所有する」という称号を有するので、ファッロー神と関係が深いのであるが、しかし、ガンダーラの仏教彫刻では、このウシュラグノー神はヘーラクレース神の姿で描写された執金剛神《しゅうこんごうじん》（釈迦牟尼仏陀のボディー・ガード）と習合しているので、軍神的な外観をまだとっていない「四天王捧鉢図浮彫り」（図7）の毘沙門天像と軍神ウシュラグノーは直接的な関係にはないのである。それゆえ、毘沙門天の頭部の鳥翼はファッロー神のそれと関係しているとみなさざるをえない。ファッロー神の鳥翼の意味は仏教経典には記されていないが、幸いなことにクシャン族の宗教に近いゾロアスター教の経典を参照すると明らかになる。

『ザムヤード・ヤシュト書』

ゾロアスター教の経典では、ファッロー神はクワルナフないしフウァルナー（xvarnah）と記されているが、その他、ソグド語ではパルン（prn）、中世ペルシア語ではフワッラー（xwarrah）、近世ペルシア語ではファラー（farah）などと表記されている。また、ササン朝ペルシアではアラム語のガデー（GDH）でもってフウァルナーを表している。この言葉の意味するものは、H・W・ベイレイによれば、人間にとって善なるものすべてであるという（Bailey, *Zoroastrian Problems in the Ninth-Century Books*, London, 1971, pp.2, 19–51, 73–77）。つまり、金、富、財産、幸運、豊穣、繁栄、戦勝、吉祥など現世利益《げんぜりやく》の総称的なものである。特に国王にとっては、正統かつ正当な王位を意味する場合が多く、たとえばササン朝ペルシアの王権神授図では、正統・正当な王位を象徴するリボン・ディアデム（環）でもってフウァルナーが表されている。また、六〜七世紀のソグディアナや東トルキスタン（クチャ）の美術では、このようなリボン・ディアデムを口にくわえた鳥によってフウァルナーが表されている。あるいは、ササン朝末期ないしイスラム初期には、フウァルナーは怪鳥セーンムルウ（犬、孔雀などの合成獣）でもって図化されている。そして、中央アジアに住んでいたイラン系民族も含め、イラン系民族の間ではフウァルナーは、子羊や牡羊でもって象徴される場合もある。

このように人間にとって吉祥すべてを意味するフウァルナーは不思議なことであるが、ゾロアスター教徒の間では、鳥の姿をとるものと信じられていたのである。それはアヴェスタ経典の一つヤシュト書第一九章「ザムヤード・ヤシュト」の一挿話に明確に述べられているので、その概略を以下に記しておこう。その挿話はほかでもない、人類の最初の王イマ（仏教の閻魔《えんま》大王に相当）の物語である。

イラン系民族にとっては聖書のアダムに匹敵するイマ王は最初に死んだ人間とみなされ、最初の国王として楽園に住んでいたが、やがて精神的に堕落し、虚言を弄《ろう》するようになった。それゆえ、イマ王の国王としての正統・正当性を示していたフウァルナーはヴァーレグナ鳥（＝ウルスラグナ）の姿をして三度、イマ王のもとから飛び去ったという。まず最初の鳥はミスラ神、第二の鳥は英雄のスラエータオナ、第三の鳥は英雄のクルサースパによって捕らえられた。

フヴィシュカ王の金貨

実は、この挿話がクシャン族に知られていたことを実証する物的資料が存在するのである。それはF・グルネによって明らかにされたが、フヴィシュカ王の金貨裏面に刻印されたイアムシュー神（IAMSHU）の図像（図20）によって判明する（F. Grenet, "Notes sur le panthéon iranien des Kouchanes", *Studia Iranica*, Vol.13, 1984)。イアムシューというのは上述したイマ王（Yama-rājā）にほかならない。この神はクシャン族の国王のような服装をし、猛禽の頭部を柄頭に飾った剣を帯び、ヘルメットを被り、左手に槍を持っている。注目すべきはその右手に一羽の鳥を止まらせている点である。このポーズは鷹匠を想起せしめるが、実際にユーラシアの草原などで行われた鷹狩りをモデルとしたものであろう。この鳥こそが、「ザムヤード・ヤシュト」で述べられているフウァルナーにほかならない。その鳥がまだイマ王の手に止まっているところを見れば、イマ王がまだ堕落しない時の状態を描写したと解釈できよう。

図20　イアムシュー神、フヴィシュカ王金貨裏（2～3世紀、スイス、アベグ財団蔵）

このような資料によって、クシャン朝時代には、

フウァルナーが猛禽によって表現されていたことが判明する。フウァルナーはクシャン朝ではファッローと呼ばれていたことを考えれば、ファッロー神の頭部を飾る一対の鳥翼が、このフウァルナーの化身たる鳥を象徴していることは明らかであろう。かくして、福の神ファッローの鳥翼は同じく福の神の毘沙門天の頭部に移植されたことが判明し、「四天王捧鉢図浮彫り」（図7、11）の毘沙門天の頭部についた鳥翼はファッロー神に由来し、インドのクヴェーラ神とは無関係であることが解明されたと思う。

一方、図9、10や図12、13に挙げたファッロー神の頭部には猛禽そのものは描写されていないので、このフヴィシュカ王金貨のイアムシュー神の手にする鳥がそのままファッロー神の頭部に移植されたものではないことも明らかであろう。図10のファッロー神は左手にヘルメース・メルクリウス神の持つカドケウスの杖を持っているので、フヴィシュカ王の時代には、クシャン朝のファッロー神のモデルとしてヘルメース・メルクリウス神も用いられたことがわかる。それゆえ、次に、ファッロー神の図像の源流の一つとしてヘルメース・メルクリウス神との共通点を考察してみよう。

ギリシア・ローマ図像の特色

ヘルメース・メルクリウスの特質

ヘルメース神はローマ時代にはメルクリウス神と習合したが、すでに前二〇〇〇年紀にミュケナイのパンテオンに登場している。ギリシアではゼウス神とアルカディアのニンフ、ナイアド・マイア（アトラス神の娘）の息子として、アルカディアのキュレネ山に生まれたという。それゆえ、ヘルメース神は牧草の繁茂や家畜の増産など大地の豊穣を司る神となり、羊を肩に担ぐ姿で描写されるに至った。

ヘルメース神の役割としては、ゼウス神など神々の使者の役割が重要であろう。さらに、死者の霊魂を黄泉《よみ》の国の主宰者ハーデース神（Hades）の許に導くガイドの役割もゼウス神から付与されたが、これについてはさらに後述したい（七二、七五ページ参照）。また、道路の神として四辻などにヘルメと呼ばれた小石の山（後に柱）が築かれた。ここから、道路を使う商人および商業の神としての役割が与えられた。一橋大学の校章に用いられたヘルメース神の杖は、ヘルメース神の商業神としての職能を示している。

このほか、造化の神、魔術師、武力を用いない神、学芸や恋愛の神、盗賊の神などさまざまな役割が与えられたが、クシャン朝のファッロー神に関係するのは豊穣や富を司るヘルメース神の職能であろう。

図像の細部

では、次にヘルメース神の像容（図21）を見てみよう。ヘルメース神はしばしばペタソスないしピロスという帽子（ヘルメット）を被っている。この帽子（ヘルメット）には一対の鳥翼がついている場合もある。さらに、このような鳥翼は、頭部そのもの、両足ないしサンダルにもついている。また、ヘルメース神の持物の代表的なものはカドケウスないしケーリュケイオンという伝令杖である。これは本来、羊を遊牧する牧童の杖であったのであろう。ローマ帝政時代に制作されたメルクリウス神像には、手に持つカドケウスの杖に一対の鳥翼がついている例もある。このような鳥翼は神々の使者として、陸上や海上を迅速に走るヘルメース神のスピード感を表しているといわれるが、一方、北風ボレアスや西風ゼフュロスなどの風神や、波を切るように飛ぶカモメのイメージが付与されたともいわれる。足に履いたサンダルは足の疲労を軽減したり、足跡（盗賊）を消したりするものとみなされている。

さらに既述したように、ローマ帝政時代のメルクリウス神（ヘルメース神、図18）はしばしば手に革袋（金嚢、財布）を持っているが、これはコイン経済の発展によって富が羊などの現物ではなく、コインによって算定されていたからであろう。また、このような革袋はカドケウスの杖とともに不老不死の象徴として、ローマ帝政時代には死者を悼む「葬礼図」に描写されたヘルメース・メルクリウス神の像に用いられたという。いずれにせよ、このような革袋（金嚢、財布）はギリシアのヘルメース神像にはほとんどなく、ローマ帝政時代に制作されたメルクリウス神像（スタンプ印章、青銅製小像、ポンペイの壁画など参照）の代表的な持物となったという。

図21　ヘルメース神像（向かって右、Daremberg/Saglio の辞典による）

また、ヘルメース神やメルクリウス神は、クラミスないしパルダメントゥムという小型の外套を身につけているが、これは神々の仲間である印という。さらに、ヘルメース神やメルクリウス神はしばしばその右手を挙げている。このような仕種は仏像の施無畏印《せむいいん》に似ているが、神々の仲間であることを象徴しているという。

以上述べたヘルメース神やメルクリウス神の図像の特色で、クシャン朝のファッロー神のそれに共通するのは、鳥翼、帽子（ヘルメット）、カドケウスの杖、革袋（金嚢、財布）、クラミス（パルダメントゥム）であろう。ブーツ（半長靴）も共通しているともいえるが、これは必ずしもローマに由来するとはいえない。このような特色の中で、上述した「四天王捧鉢図浮彫り」（図7）に描写された毘沙門天像に共通するのは、鳥翼とクラミス（パルダメントゥム）だけであるが、しかし、この二つのモティーフを通して、毘沙門天像がギリシアのヘルメース神、ローマのメルクリウス神像にまで繋がっていることが明らかになったと思う。おそらく、クシャン族がヘルメース神ないしメルクリウス神の像容の一部を借用し、それをクシャン族国王の姿をモデルとしたファッロー神に用いなかったとしたら、毘沙門天像はガンダーラでは誕生しなかったかもしれない。少なくとも、現在知られている毘沙門天像とはまったく異なった姿になったであろう。

最後に、ヘルメース神の職能について、もう二つだけ述べておきたい。その二つの職能は、四天王捧鉢図浮彫り（図6、7）には関係しないけれども、次章で考察する「出家踰《しゆつけゆ》城《じょう》図浮彫り」に描写された毘沙門天像に密接に関係しているので、ここであらかじめ述べておきたい。

象徴的意味

霊魂の導師

その一つは、すでに言及したが、霊魂の導師としての役割である。ヘルメース神は本来、神々の伝令、使者であったが、やがて英雄や神々に付き添うようになり、道路の神（道祖神）として旅人の道案内をするばかりでなく、死者の霊魂に付き添って黄泉《よみ》の国へ安全に送り届ける役目を持つに至った。たとえば、イタリアのヴェレトゥリで発見された大理石製石棺（二世紀半ば）には、「半開の扉」の傍らに石棺に収められた死者（の霊魂）が描写されている。ヘルメース神はヘーラクレース神とともに、家の出入口近くに描写され、死者の霊魂を導いている。これは明らかに、「通過儀礼」に関係しているから、ヘルメース神には「通過儀礼」に関与する特質があったことがわかる。

このような通過儀礼は、仏教におけるこの世からあの世への旅立ちに関係しているが、そのような通過儀礼に関係した美術作品がガンダーラには少なくないのである。

極楽往生の萌芽

その実例として二つだけ挙げておきたい。一つは殺生を嫌う仏教には相応《ふさわ》しくない「狩猟図」である。そして、この狩猟図のモデルとなったのはローマ帝政時代の石棺の代表的な主題「狩猟図」であった。ローマの大理石製石棺には、ライオンや熊、猪などを殺生する狩猟図が描写されているが、これらの狩猟図は狩人の姿をした死者（の霊魂）が、死そのものを具現化した獲物（ライオン、熊、猪など）を殺害することによって死を克服し、不老不死・永遠不滅の世界へと再生することを暗示しているのである。一方、ガンダーラの仏教寺院を飾っていた浮彫りには獅子狩りなどの血なまぐさい主題がしばしば描写されているが、その意図するところは決して世俗的なものではない。たとえ一見すると血なまぐさく、世俗臭が強く感じられるとしても、ガンダーラの狩猟図浮彫りには、ローマの不老不死・永遠不滅の来世への再生と同じく、輪廻転生の世界を超越して仏国土（極楽）に生まれたいという願いが込められている。あるいは、これがガンダーラの在家仏教徒が実感できる「涅槃《ねはん》」というものであったかもしれない。

同じような観念が、ガンダーラで多数発見されている、石製のいわゆる「化粧皿」の図柄にも表されている。化粧皿の装飾に用いられた図像には、トリトーンや怪獣、ニンフなどギリシア美術やローマ美術の典型的なモティーフが用いられている。このような例は海に関係するのであるが、このような「存在」には、海を越えて来世に行く死者の霊魂を守護する役目が与えられているのである。たとえば、その一つに「エウローペーの略奪」を描いた化粧皿があるが、これは牡牛に化けたゼウス神がレバノンの王女エウローペーをさらう光景を表している。牛に乗ったエウローペーは風を孕《はら》んだヴェールを肩に掛けているが、これはゼウス神が素早く彼女をさらっていくことを暗示している。結局、ゼウス神はさらったエウローペーと結婚する。しかし、人間の結婚の後には必ず死が待っている。このようなわけで、この「エウローペーの略奪」は死とその後の再生を意味しているのである。この再生を仏教的に解釈すれば、極楽往生であり涅槃ということになろう。ヘルメース神も、こ

図22　ペルセポネーの略奪（ギリシアの壺絵、ルーブル美術館）

のような通過儀礼、葬礼の図柄に用いられる蓋然性があったことを強調しておきたい。

ペルセポネーの略奪

もう一つのヘルメース神の役割として重要なのは、馬を牽引することである。ギリシア神話の一つに「プルートーン（Pluton）によるペルセポネーの略奪」（図22）がある。これはいわゆる「若い女性の略奪（rape）」を主題にしているので、最近のジェンダー論者の格好のテーマになりそうであるが、筆者の関心はそのような性差の問題にはまったくない。この神話は北は黒海から南はエジプトやイタリアに至る地中海世界において、地下墓のモザイク画や石棺の装飾に用いられた。その図柄ではヘルメース神はむろん主役ではなく、ペルセポネーを奪ったプルートーンが御す馬四頭立て戦車を先導するにすぎない。この略奪は「死者の霊魂をこの世からあの世に連れ去ることに等しい」とみなされているので、ヘルメース神にも「霊魂の導師」の職能も若干存在すると思うが、筆者が注目したいのは、むしろ「馬を先導する」というヘルメース神の役割である。この職能は次章の「出家踰城図浮彫り」に描写された馬のカンタカに関係すると思うので、ここでヘルメース神の「馬の先導者」たる役割を明らかにしたのである。

毘沙門天像の発見

出家踰城図浮彫り

武人像の問題

武人像の重要性

前の数章において、ガンダーラの「四天王捧鉢《ぼうはち》図浮彫り」（図7）にイラン系ファッロー神に倣《なら》った毘沙門天《びしゃもんてん》像が描写されていることを明らかにした。しかしながら、この作品および他の「四天王捧鉢図浮彫り」に描写された、このタイプの毘沙門天像はまったく武装していないので、甲冑《かっちゅう》をつけ、戟《げき》（槍）などで武装した武将姿の中国や日本の（兜跋《とばつ》）毘沙門天像（図1、2）とは外観が大いに異なる。それゆえ、ガンダーラの毘沙門天像とわが国の（兜跋）毘沙門天像との直接的な関係について、読者はなんとなく納得できないと思われるのではないかと思う。

筆者自身も、このような非武装の毘沙門天像と武装した毘沙門天像の間の図像上の相違点があまりにも顕著であるから、はたしてガンダーラの非武装の毘沙門天像がそのまま発展し、中国や日本の武人姿の毘沙門天像に変貌したという想定には同調しかねる。むろん、中国とガンダーラの毘沙門天像の外観がさまざまな点で異なっているのは理解できる。というのは、ガンダーラから中央アジアを経て中国へ毘沙門天像が伝播《でんぱ》していく過程で、新しい解釈が試みられ、新しい造形要素（例―槍、仏塔、地天女と二人の鬼神）が付加された蓋然性を否定することは妥当でないからである。

しかしながら、やはり、毘沙門天がまったく武装していないというのは気になる。この非武装の毘沙門天像とは異なった外観をした毘沙門天像がガンダーラにもあったのではないか？　そして、その武人姿の毘沙門天像こそが中国や日本の武将姿の毘沙門天像に発展していったのではないか？　このような疑問が必然的に脳裏をかすめてやまない。だから、これらの疑問を放置しておいたのでは、非武装の毘沙門天像（図7）を中国や日本の武将姿の毘沙門天像の起源とみなしたPh・グラノフなど欧米の学者の見解を乗り越えることはできない（Ph. Granoff, "Tobatsu Bishamonten: Three Japanese Statues in the United States and an Outline of the Rise of this Cult in East Asia", *East and West*, Vol.20, 1970, pp.144–167)。すなわち、これではわが国の（兜跋）毘沙門天像の真の起源を解明したことにはならないのである。

このような疑問を氷解させるには、もう一度、ガンダーラの仏教彫刻を調査し直す必要があろう。そして、もし、武装した毘沙門天像をガンダーラの仏教彫刻の中に発見できなければ、筆者も潔く欧米学者の軍門に下らざるをえない。そして、中国や日本の（兜跋）毘沙門天像の起源はガンダーラの「四天王捧鉢図浮彫り」（図7）に描写されたクシャン系毘沙門天像であると本書において不本意ながら結論しなければならないであろう。

このような視点からガンダーラの仏教彫刻を再調査したところ、ガンダーラから出土した多数の単独の礼拝像には、残念ながら毘沙門天とみなすことができるものは存在しないことがわかった。わずかに、鬼子母神《きしもじん》の夫たるパーンチカが、毘沙門天像の武装に関係しているかもしれないという程度の印象しか持てなかった。

従園還城の挿話

一方、ガンダーラの仏教彫刻の大半は釈迦牟尼《しゃかむに》の伝記を表した仏伝浮彫りである。上述した「四天王捧鉢図浮彫り」（図6、7）以外にも、「托胎霊夢《たくたいれいむ》（懐妊）」、「誕生」、「従園還城《しょうえんげんじょう》（帰城）」、「宮廷生活」、「四門出遊《しもんしゅつゆう》」、「出家踰城《しゅっけゆじょう》」、「苦行」、「降魔成道《ごうまじょうどう》」、「初転法輪《しょてんぽうりん》」、「悪竜調伏《ちょうぶく》」、「涅槃《ねはん》」など釈迦牟尼の生涯の重要な挿話を描写した浮彫りは多数知られている。その中に、四天王が描写された作品が含まれている可能性がある。それゆえ、これら仏伝浮彫りの四天王像を調べてみなければならない。そのような調査の結果、四天王を描写しているのは、ルンビニー園で誕生した釈迦牟尼（シッダールタ太子）がカピラヴァストゥの城に帰る挿話を描写した「従園還城（帰城）図浮彫り」と、二九歳のシッダールタ太子が出家する場面を描いた「出家踰城図浮彫り」に四天王像が描写されている可能性があることが判明した。

「従園還城（帰城）図浮彫り」では、四天王とおぼしき人物は、造化の神ヴィシュヴァカルマン（毘首羯摩《びしゅかつま》天、有髭《ゆうし》・髯《ぜん》・鬚《しゅ》の男子、鍛冶火箸《かじひばし》を持つ）が造った輿《こし》の回りに三〜四人描写されている天部形の人物に相当するかもしれない。毘首羯摩天は仏教の「造化の神」で、すべての物を創造したといわれる（ヴィシュヴァ Viśva ＝すべて、カルマン karman ＝作る人）。京都国立博物館の正面の破風《はふ》には、右手に木槌《きづち》のようなハンマーを持ちギリシア風の衣装を纏《まと》った毘首羯摩天の横臥像が女性の技芸天と向かい合って浮彫りされているが、これは明治時代の作であるので、平安時代から鎌倉時代の図像（密教関係の作品）やガンダーラの毘首羯摩天像とは外観が大いに異なる（田辺「ガンダーラの〝岡倉天心〟——京都国立博物館の毘首羯摩天像とガンダーラ美術の本質」『図書』第五四七号、一九九五年、二六〜三一ページ）。

ガンダーラの毘首羯摩天像は、クシャン朝の火神アトショー神（図17）の像容を借用して造形されているので、左手に鍛冶火箸を持っているのであるが、その周囲に配された数人の天王らしき人物はまったく武装していないので、「従園還城図浮彫り」は武装した毘沙門天の問題には関係がないことがわかった（拙論「いわゆる火神を描写したガンダーラ彫刻——最古の毘首羯摩像」『古代オリエント博物館紀要』第一四巻、一九九三年、一六九～二一一ページ、図1、7、9）。それゆえ、たとえ「従園還城図浮彫り」に四天王の一人ないし三人が描写されていたとしても、この種の浮彫りは割愛しても差し支えないであろう。

武人像の比定

残るのは「出家踰城図浮彫り」でしかない。確かに、この挿話を描写した作品は多数知られている。そして、馬のカンタカに乗ってカピラヴァストゥ城を夜半出て行くシッダールタ太子の傍らに、弓矢を持ち、しばしば鎧を着た武人が少なくとも一人描写されている。もしこの武人が四天王の一人であれば、それは毘沙門天の蓋然性が大きい。ただし、問題はこの武人が持っている武器にある。中国や日本の武将姿の毘沙門天は弓矢ではなく戟（鉾、槍）を手にしている。それゆえ、もしこの武人像が毘沙門天であれば、この相違はどのように説明することができるのであろうか？

このような難問もあるが、それよりもっと致命的な問題は、この武人像については一九世紀の終わりから今日に至るまで、「毘沙門天説」を否定する学説が実在する事実である。それが欧米はむろんわが国でもほぼ定説となっているのである。その定説とは、この武人像はシッダールタ太子に出家を断念させようとしている魔王マーラ・パーピーヤーン（魔《ま》波旬《はじゅん》。以下、魔王マーラと表記）であるというものである。これは、ドイツのA・グリュンヴェーデルやフランスのA・フーシェなどガンダーラやインドの仏教美術の専門家が一九世紀末から今世紀初頭にかけて提唱したもので、わが国でも今日までその解釈が仏教学者や仏教美術史学者によって必ず採用されている（A. Grünwedel, *Buddhist Art in India*, London, 1901, p.103; A.Foucher, *L'art gréco-bouddhique du Gandhāra*, Tome 1, Paris, 1905, p.356)。

もし、この定説が正鵠《せいこく》を射ていれば、「出家踰城図浮彫り」に武人姿の毘沙門天が描写されている可能性は雲散霧消し、定説に反旗を翻す筆者は美術史学会や仏教学会のピエロもどきになってしまうであろう。しかしながら、定説だからといって必ずしも歴史的真実を述べているとは限らない。ましてや、この定説は今からほぼ一〇〇年も前に提示されたものであるから、その論拠がはたして正しいか再検討してみる必要があろう。事実、一九八五年にはドイツのインド美術史学者W・ロボ女史がA・フーシェ説に対して反論を試み、問題の武人像は魔王マーラではなく、帝釈天であるという新説を発表しているのである(W. Lobo, "Der Bogenträger in den Weltlucht – Darstellungen der Gandhara-Reliefs", *Zeitschrift der Deutschen Morgenländischen Gesellschaft*, supplement VI, 1985, pp.430-437)。このような定説および新説に対して筆者はまったく別の見解を持っている。それゆえ、以下において、まず、これら両説の間違いを指摘し、次に筆者の「毘沙門天説」を説明したい。

魔王マーラ説の間違い

既往の見解

A・グリュンヴェーデルは一八九三年に出版された『インドの仏教美術』(*Buddhistische Kunst in Indien*, Berlin) において、カルカッタのインド博物館蔵「出家踰城図浮彫り」(図23、ローリヤーン・タンガイ出土) を採り上げ、そこに描写されている弓を持つ武人 (下段、向って左から二人目) を魔王マーラと比定した。その根拠は一八世紀にタイで描かれた「出家踰城図」(図24) の図像である (ベルリン、インド美術館蔵)。この絵画では、魔王マーラが太子の馬の前方に立って、あたかも「おいでおいで」と馬上の太子を手招きしている。この例を参照してグリュンヴェーデルは、このローリヤーン・タンガイ出土作品 (図23) に描写されている弓を持つ武人を魔王マーラとみなしたのである。

この解釈は一九〇一年にロンドンで出版された英訳増補版（*Buddhist Art in India*, p.103, tr. by A.C. Gibson）において、その増補者J・バージェス（J. Burgess）によって拡大解釈され、「問題の武人（魔王マーラ）はシッダールタ太子に説教ないし話しかけているのであろう」と解説されている。A・フーシェは、おそらくこのバージェスの新解釈に影響されたのであろう、「この弓を持つ人物は太子に向かって説教ないし演説をしているように見える」と『ガンダーラのギリシア式仏教美術』において述べている（A. Foucher, *op.cit.*, p. 356）。そして、この解釈を裏付けるために、パーリ本『ニダーナカター』（Nidānakathā）の出家品、サンスクリット本『ブッダチャリタ』（Buddhacarita. 漢訳『仏所行讃《ぶっしょぎょうさん》』）の降《ごう》魔成道品《まじょうどうぼん》の記述を援用している。

『ニダーナカター』では、太子が出家しようとすると、魔王マーラが近づき、空中に立って、太子に「七日後に転輪聖王《てんりんじょうおう》にしてやるから出家を止めなさい」と説得している有様が述べられ、それができないと知るや、「ではお前の愛欲、怒り、害意の心をあばいてやる」といって、太子に影のようについてきたと記されている（藤田宏達訳『ジャータカ全集』第一巻、春秋社、一九八四年、七三ページ）。この仏典の記述を引用することによって、

図23　出家踰城図浮彫り（ローリヤーン・タンガイ、
2～3世紀、インド博物館、カルカッタ）

図24　出家踰城図画（タイ、18世紀、インド美術館、
ベルリン）

ガンダーラの出家《しゅっけ》踰城《ゆじょう》図浮彫りにおいて魔王が登場することはいちおう説明できよう。しかし、この仏典の関係箇所には、魔王が弓矢を持ってやって来たとは記されていないのである。それゆえ、弓矢を持つ魔王マーラを証明すべくA・フーシェは『ブッダチャリタ』の降魔成道品の記述を援用して説明している。それによると、魔王マーラは愛欲の神カーマ(Kāma)で、カーマは弓と花の矢を持つものである。そして、太子を脅迫するために「左手を弓の先にかけ、五本の矢をもてあそびながら太子のところにやって来た」と記されている(梶山雄一ほか訳『ブッダチャリタ』講談社、一九八五年、一四五ページ)。これによって、魔王マーラが弓矢を所持することが判明したが、さらにフーシェはインド南部のアジャンターの石窟第二六窟に描写された魔王マーラが弓矢を持っている例を挙げて、弓矢を持つのは魔王マーラである点を強調している。

A・フーシェ説の検討

このように二つの仏典の記述によって、A・フーシェは自分の直観(?)、すなわち、弓矢を持つ人物が「太子に説教ないし演説している」ことの正しさを裏付けようとしたのである。しかしながら、このフーシェの論証はいささか杜撰《ずさん》である。まず、『ニダーナカター』はスリランカや南インド、東南アジアで用いられていた南伝経典であるから、それを使用していないガンダーラ地方で制作された浮彫りに、南伝経典の記述を援用するのは間違いである。フーシェは南伝の経典ではなく、ガンダーラなどインド西北部で用いられていたプラークリット語ないしサンスクリット語の仏伝ないしそれらを漢訳した北伝経典を用いるべきであった。

ただし、たとえ北伝の漢訳仏典を用いても、出家踰城の挿話に魔王マーラが関与していることを記したものはほぼ皆無に等しく、わずかに『仏本行集経《ぶつほんぎょうじゅっきょう》』巻第十七、捨宮出家品下が魔王マーラの関与に言及しているにすぎない。それによると、「魔王マーラ（波旬）は太子の出家する姿を見て太子に恐怖心を起こさせ出家を断念させようとした。そして神通力で以て大声を発し、空中に大雲を出現させ、そこから雷のような大音声を発した。また、諸々の大きな河を作りだし、大きな石を吹きつけ、奔流を出没せしめた。さらに太子の面前に、高く険しい大きな山や大きな河岸を作りだした。その上、猛火を作りだして周囲を火炎で包んだ」とある（大正新脩大蔵経第三巻、七三二ページ上）。このように魔王マーラはあたかも負け犬のように遠方から太子を脅迫しているだけで、太子の面前に近寄ってはいない。それゆえ、この出家品を参照して上述したような「出家踰城図浮彫り」（図23）が制作されたとは考えられないので、この経典は無視して差し支えなかろう。

A・フーシェのもう一つの間違いは、出家踰城図浮彫りの解釈に、それとはまったく無関係な「降魔成道」の挿話を援用した点である。魔王マーラが愛欲の神カーマで、弓矢を持っているという説明は「降魔成道」を描写した作品には適用できるが、出家踰城図浮彫りの解釈にそれを用いるのは論理的に飛躍している。さらに、フーシェの「演説ないし説教」という直観はまったくの的外れである。この作品の武人の態度や仕種《しぐさ》には、そのような印象はまったくない。これは筆者の独断ではない。筆者の勤務する金沢大学で仏教図像学の講義をした時、この作品（図23）のスライドを、出家踰城図について無知な学生たち二十数人に見せてその反応を調査したところ、「演説とか説教をしている」と答えた学生は皆無であった。おそらく読者諸兄も同じように感じるのではなかろうか？　学生たちからは、「この武人は太子を殺害ないし襲撃しようとしている」、あるいは「太子を護衛している」という二つの回答しかなかった。筆者もこの二つの回答がきわめて妥当であると思う。フーシェはサンスクリット語やパーリ語に卓越した学者ではあったが、作品を目で見て表現されているものを的確に把握・分析する美術史家としての基本的能力にはやや欠けていたといわざるをえない。

学生の反応

このように、A・フーシェの解釈の根拠は妥当性を欠いていたにもかかわらず、以後、この謬見《びゅうけん》が定説として欧米や日本の学会を風靡《ふうび》しているのである。フーシェはかつてガンダーラの仏教美術の最高権威と目された学者であるから、その魔王マーラ説の論拠がいかに杜撰《ずさん》であるかという点を精査せずに、ただただその言説に盲従してきたわけである。筆者を含めすべてのガンダーラ仏教美術の研究者は大いに反省しなければならないであろう。

帝釈天説の間違い

W・ロボ説

　このようなA・フーシェ説の難点に筆者よりも前に気づき、注目すべき論文を発表したのは前述したW・ロボである（一九八五年）。彼女は、このローリヤーン・タンガイ出土品（図23）をはじめ他の出家《しゅっけ》踰城図《ゆじょうず》浮彫りに描写された武人像の仕種《しぐさ》を調査し、この武人の右手の仕種は「道案内」をしているものであると解釈した。この解釈が正しいことは、ハッダから出土した別の出家踰城図浮彫り（図25）に描写された向かって左端の男子像（頭部に一対の鳥翼あり）の右手の仕種を見れば一目瞭然であろう。それまでは、その仕種は太子の馬の進行を妨害するものと暗黙のうちに解釈されていたから、彼女の解釈はある意味で画期的であったといえよう。彼女はさらに、魔王マーラ

図25　出家踰城図浮彫り（ハッダ、2～3世紀）

図26　誕生図浮彫り（ローリヤーン・タンガイ、2～3世紀、インド博物館、カルカッタ）

は「降魔成道図浮彫り」では鎧《よろい》を着た姿ではなく、インド人王侯の姿で描写されていると指摘し、また、弓矢はガンダーラの仏教彫刻では戦いの武器ではなく、狩りの道具として用いられているとも述べてA・フーシェ説を批判し退けている。

そして彼女は、サンスクリット本『ラリタヴィスタラ』の第一五章の出家踰城品の記述を採用して、この武人像は帝釈天《たいしゃくてん》であると結論したのである。事実、『ラリタヴィスタラ』の第一五章によれば、太子が出家するとき、カピラヴァストゥ城の城門は閉じられ、多数の兵士が護衛していたという。そこで帝釈天はその門を開け、自分で太子の道案内をしようと明言している（P.E. de Foucaux, *Le Lalitavistara*, Paris, 1884, p.179. この仏訳から和訳した溝口史郎『ブッダの生涯』東方出版、一九九六年、一八四ページ）。あるいは「帝釈天と梵天が二人太子の前にあって、宝路を示した」と記されている（P.E. de Foucaux, p. 194. 溝口訳、二〇ページ）。このようなわけで、この帝釈天説は文献の記述（道案内）と彫刻の武人の右手の仕種（道案内）が一致しているので、いちおう正鵠《せいこく》を射ているといえよう。

しかしながら、ガンダーラの出家踰城図浮彫りそのものに描写された武人像に、はたして帝釈天の特色が存在するのであろうか？　残念ながら、W・ロボが挙げている数点の作品には、その武人像を帝釈天と断定する根拠はまったく見られない。というのは、帝釈天は梵天《ぼんてん》と並んでガンダーラの仏伝浮彫り（梵天勧請《ぼんてんかんじよう》、誕生、三十三天降下、帝釈窟説法、シビ・ジャータカなど）に頻繁に描写されているが、その場合必ず、ターバンを頭に巻いたインド人王侯の姿で描写され、武器は携帯せず（しばしば金剛杵《こんごうしよ》を持つ）、またしばしば円筒冠を戴いている。それゆえ、ガンダーラの帝釈天像の外観と比べると、弓矢と鎧で武装し、しばしばクシャン族王侯の姿で描写されるこの武人を帝釈天とみなすことはきわめて難しいのである。

ただし、ローリヤーン・タンガイ出土品（図23）の弓矢を持つ武人像は帝釈天に酷似しているので、W・ロボの帝釈天説にも一理あるように見えるかもしれない。というのは、欧米の学者の中にはこのW・ロボ説をいち早く採用したものも散見するからである。しかしながら、筆者の見解によれば、このローリヤーン・タンガイ出土品（図23）の武人像も帝釈天ではないのである。なぜそれが帝釈天ではないのかということは、同じくローリヤーン・タンガイの仏寺址から出土した、おそらく同一の彫刻家が制作した「誕生図浮彫り」（図26）に描写された梵天と帝釈天の図像と比較してみるとよくわかるので、それを挙げておこう。

W・ロボ説の検討

この誕生図浮彫り（図26）では、画面の向かって左側に梵天（左端）と、マーヤー夫人の右脇腹から生まれ出た太子をカーシーの布で受けとろうとする帝釈天とが描写されている。梵天も帝釈天も円形頭光で荘厳《しょうごん》されているが、梵天はターバンを頭に巻いていない。これに対して出家踰城図浮彫り（図23）では、画面の向かって左側、カンタカの鼻先に、W・ロボのいう帝釈天と梵天が描写されている。梵天に関しては誕生図浮彫り（図26）のそれと像容外観が一致するから、問題はない。問題はいわゆる帝釈天像にある。確かに誕生図浮彫り（図26）と出家踰城図浮彫り（図23）の対応する人物は、弓を除けば、頭にターバンを巻いたインド人王侯風に描写されているので、あるいは同一人物を描写しているとも見えなくもない。

しかしながら、弓のほかにもう一つの重要な相違点がある。それは頭光の有無である。誕生図浮彫り（図26）の帝釈天像は確かに円形頭光で荘厳されている。一方、出家踰城図浮彫り（図23）の武人像は円形頭光で荘厳されていないのである。もし、両者が同一人物を表したものとすれば、この相違は不可解である。当然、両者とも頭光で荘厳するか、あるいは両者とも頭光なしで描写するか、二つに一つであろう。これはガンダーラの他の仏伝浮彫りにペアーで描写された梵天と帝釈天の図像を参照すれば一目瞭然である。すなわち、出家踰城図浮彫り（図23）の弓を持つ武人が帝釈天であるとすれば、当然梵天と同じく円形頭光で荘厳されていなければならない。しかし、この場合、荘厳されているのは梵天だけであるから、弓を持つ人物は帝釈天ではないとみなすほうが妥当であろう。

筆者は、この弓を持つ人物（図23）はクヴェーラを表していると解釈する。その論拠は、ギルギットで発見されたサンスクリット語仏典『サンガベーダヴァストゥ』（Sanghabhedavastu）の出家品にある。これによると、太子がカピラヴァストゥ城を夜半に去る時、「クヴェーラが帝釈天と梵天とともに道案内をした」と記されている（R. Gnoli, *The Gilgit manuscript of the Saṅghabhedavastu*, Part 1, Roma, 1977, p.89）。そして、このサンスクリット本の漢訳『根本説一切有部毘奈耶破僧事《こんぽんせついっさいうぶびなやはそうじ》』第四巻では「多聞天及び梵天と帝釈天が菩薩の道を先導する」（大正新脩大蔵経第二四巻、一一七ページ上）と記されている。この多聞（天）はサンスクリット語のヴァイシュラヴァナ（Vaiśravaṇa）を唐時代に義浄がこのように翻訳したものであると推定できるが、原典では『サンガベーダヴァストゥ』が示すように「ヴァイシュラヴァナ」ではなく「クヴェーラ」と記されていたに相違ない。

このようなわけで、この二つの経典に記された三人の中の、梵天とクヴェーラがこの作品（図23）に描写されていると解釈できるのである。つまり、このインド人王侯風の武人像は、「四天王捧鉢図浮彫り」（図6）に描写されたクヴェーラに対応するのである。

なお、欧米やわが国の学者には、この武人像が手にするイラン系の合弓《あわせゆみ》を、帝釈天がしばしば持つ金剛杵《こんごうしょ》と誤解したり、あるいは金剛杵に相違ないと強弁する者がいるが、このような見解は梵天と帝釈天がガンダーラの仏伝浮彫りでは通常ペアーとして描写されているという前提に固執した、あるいは合弓に関する知見が乏しいことに起因する謬見にほかならないから採用するに値しない（宮治昭『ガンダーラ仏の不思議』講談社、一九九六年、一四六ページ）。

以上検討した結果、W・ロボの帝釈天説が間違いであることが判明したが、ただ、彼女が挙げていない出家踰城図浮彫り（カルカッタ、インド博物館蔵 Inv.no.412、栗田功『ガンダーラ美術』I仏伝、二玄社、一九八八年、図二八）には、インド人王侯風の人物（しばしば傘《さん》蓋《がい》を持つ）が弓矢を持たずに、太子とカンタカを先導している光景が描写されている。おそらく、このような場合に限って、クヴェーラでなければ、あるいは帝釈天が道案内者として描写されているかも知れない、という点を付け加えておこう。

仏典の毘沙門天・帝釈天・梵天

以上において、魔王マーラ説、帝釈天《たいしやくてん》説の間違いを指摘したので、以下において筆者自身の解釈を提示しなければならない。まず最初に、

出家踰城と天部

ガンダーラの出家《しゆつけ》踰城図《ゆじようず》浮彫りそのものの図像分析を行う前に、ガンダーラの仏教教団が使用していたと思われる北伝仏典の出家踰城品に、太子の出家の道案内をする天部がどのように記されているか調べることから始めよう。というのは、A・フーシェにせよ、W・ロボにせよ、欧米の学者は北伝漢訳の出家踰城品をほとんど無視して論証を試み、みごとに失敗しているからである。

1　六度集経《ろくどじゆつきよう》　巻第七（大正新脩大蔵経第三巻、四二ページ上）

太子は馬（＝カンタカ）に乗り、百億帝釈（天）と四百億四天王、天竜鬼神が太子と馬の左右に従い、導引した。

2 普曜経《ふようきよう》第四巻（大正新脩大蔵経第三巻、五〇七ページ中）

その時、大地は六種の振動を繰り返した。天帝毘沙門天がそこにいて、太子と馬（＝カンタカ）を前導した。

3 方広大荘厳経《ほうこうだいしようごんきよう》第六巻（大正新脩大蔵経第三巻、五七三ページ中）

帝釈天（＝釈提桓因《しやくだいかんいん》）は次のようにいった。私は今まさにかの菩薩（シッダールタ太子）に道路を開示しよう。四天王が馬（＝カンタカ）の足を捧げ持ち、梵天《ぼんてん》帝釈天が宝路を開示した（同、五七五ページ下）

4 仏本行集経《ぶつほんぎようじゆつきよう》第五三巻（大正新脩大蔵経第三巻、八九七ページ上）

如来《によらい》（＝釈迦牟尼仏陀）がはじめて出家した日、夜叉《やしや》や諸神が城門を開き、毘沙門等が道路を示した。

5 過去現在因果経《かこげんざいいんがきよう》第二巻（大正新脩大蔵経第三巻、六三三ページ上）

そこで諸天（＝四天王）は馬（＝カンタカ）の四足を捧げ持って馬丁のチャンダカに接し、帝釈天（＝釈提桓因）は傘蓋を手にして馬（＝カンタカ）の後に随従した。

諸天の命ずるところに従って城の北門は自然に開いた。

このほか、サンスクリット語の『ラリタヴィスタラ』、『サンガベーダヴァストゥ』およびその漢訳『根本説一切有部毘奈耶破僧事《こんぽんせついっさいうぶびなやはそうじ》』、『仏本行集経』巻第十七などにも出家踰城の挿話が記されているが、それはすでに引用したので、ここでは省略する（上述、八九、九四、九七ページ参照）。また、四天王が太子とカンタカに進むべき道を示したと記す経典も多数あるが、それには四天王の中の誰か、固有名を挙げていないので本書の目的には役立たないので省略する（例—『仏本行経』巻第二、『大智度論《だいちどろん》』巻第五十三、『太子瑞応本起経《たいしずいおうほんぎきよう》』巻上、『異出菩薩本起経《いしゆつぼさつほんぎきよう》』、『修行本起経《しゆぎようほんぎきよう》』巻下、サンスクリット本『マハーヴァストゥ』など）。

では、ここに挙げた四種の経典の記述を検討してみよう。まず『六度集経』の記述であるが、百億とか四百億とか理解に苦しむことが記されているが、帝釈天をはじめ四天王が太子と馬を先導していることがわかる。帝釈天が先頭に挙げられているが、その傍らに毘沙門天が存在したとも推定できよう。

次の『普曜経』の記述では、道案内人は「天帝毘沙門天」となっている。問題はこの「天帝」という言葉にある。この「天帝」が毘沙門天の修飾語であれば、道案内者は毘沙門天一人ということになろう。しかし、「天帝」が修飾語ではなく、別の天部を意味しているとしたら、この章句は「天帝と毘沙門天が二人して」と解釈しなければならない。筆者はこの「天帝」は帝釈天を意味していると解釈する。事実、帝釈天は仏典の中では「天帝」とか「天主」と記されているという（『望月仏教大辞典』第四巻、三二三七ページ）。また、『普曜経』においても、「天帝念知即時開門」（天帝は城門が即座に開くことを念力でもって知った）とか「天帝開門」（天帝が開門した）とか記されている（大正新脩大蔵経第三巻、五〇七ページ中、五〇八ページ中）。むろん、「天帝釈」と帝釈天を表記してある部分もある（同書、五〇七ページ上）。

しかしながら、『普曜経』の原典に比較的近い内容を有するサンスクリット本『ラリタヴィスタラ』の出家品（第一五章）を参照すると、『普曜経』で「天帝」と記してある部分は、「インドラ＝Indra＝Devendra」と記されている。天帝釈は“devendra”（天インドラ）であることを考慮すれば、「天帝」は「天帝釈」を省略したものであることが判明しよう。それゆえ、『普曜経』の捨宮出家品は、シッダールタ太子の道案内をするのは、「帝釈天と毘沙門天の二人」であって、決して毘沙門天が単独で道案内をしていることをいっているのではないのである。

次の『仏本行集経』第五三巻の記述は「毘沙門天等」となっている。つまり毘沙門天のほかに二〜三の案内者がいたことを示しているので、この章句からは、毘沙門天が単独で太子の道案内をしたとはいえない。ただし、この第五三巻（優《う》陀《だ》夷《い》因縁品下）は出家踰城品ではない。それは釈迦牟尼仏陀が成道後カピラヴァストゥの城に戻った時の有様を記したもので、上に引用した章句は、カピラヴァストゥ城の守護神たちが釈迦牟尼仏陀に向かって発したものであるから、この章句は、ガンダーラの出家踰城図浮彫りに太子と馬の道案内をする「毘沙門天等」が描写される論拠にはほとんどなりえないであろう。それゆえ、この経典は参考史料から削除しても構わないであろう。

　残る『方広大荘厳経』第六巻では、明らかに「梵天と帝釈天の二人が道案内をした」と記している。『過去現在因果経』第二巻の記述は、道案内者を帝釈天としているので、これら二つの経典からは、毘沙門天を道案内者とする根拠は得られない。

松浦正昭説の検討

　このように、北伝の出家踰城品の記述を参照すると、毘沙門天が単独で太子と馬の道案内をすることを裏付ける典拠が存在しないことがわかる。かつて奈良国立博物館の松浦正昭氏が『毘沙門天像』（至文堂、一九九二年、二一ページ）において、カラチのパキスタン国立博物館蔵「出家踰城図浮彫り」（後出、図28、一〇九ページ）を挙げ、「釈迦の伝記をまとめた経典によると、毘沙門天が前導し、その眷属である鬼神（ヤクシャ）が馬の四足を捧げて蹄の音を消したとある」と述べ、この図中の弓を持つ武人像を毘沙門天であると唐突かつ独善的に解釈しているが、筆者がここで述べたことを参照すれば、松浦正昭氏の論拠がまったく肯定できないことがわかるであろう。

すなわち、現存する仏教経典からは、ガンダーラの出家踰城図浮彫りに描写された太子と馬の道案内者を特定できないのである。仏教経典の記述に従う限り、それはあるいは毘沙門天かもしれないし、あるいはW・ロボが推定したように帝釈天かもしれないのである。そして、かれらの傍らに梵天が描写されているかもしれないのである。帝釈天や梵天あるいは毘沙門天にせよ、上述した出家品にはかれらの役目が「太子と馬の護衛」でも「説教でも脅迫」でもなく、「太子と馬の道案内」であるということが明示されているにすぎないのである。

松浦正昭氏は上述した『普曜経』の「天帝毘沙門天」を誤解したのではなかろうか。同氏の見解は学術論文ではなく、一般向けの概説書に発表されたものであるから、引用文献はむろん、引用した仏典も明らかにされていないので断言はできかねるが、多数のガンダーラの出家踰城図浮彫りも、外国の専門家の研究にもほとんど眼を通さず、たまたま参照した漢訳経典を曲解して、あのような解釈を述べているように思われる。松浦正昭氏のように仏教経典の記述だけに頼り、彫刻自身の周到な作品分析を軽視しては、たとえその比定が結果的に正鵠《せいこく》を射ていようとも、それは偶然と幸運の産物でしかないから、学術的評価には値しないといえよう。

結局、ガンダーラの出家踰城図浮彫り中の武人像を毘沙門天と断定するには、仏教経典はあくまで第二義的資料として補足的に用いるべきである。そしてなによりもまず、彫刻の図像そのものにその論拠を発見せねばならないのである。これが美術史学の鉄則である。その場合、三九ページで挙げた「四天王捧鉢図浮彫り」（図7）に描写されている毘沙門天像が貴重な比較資料となる。以下において、このイラン系（ファッロー神型）の毘沙門天像の外観（頭部の一対の鳥翼、長袖の上着、小型のマントなど）と比べながら、ガンダーラのいくつかの出家踰城図浮彫りに描写された「武装した道案内人」の比定を行ってみよう。

武装した道案内人

作品の紹介

ガンダーラの出家踰城図《ゆじょうず》浮彫りは贋作《がんさく》を含めると、わが国や外国の美術館や個人収集家のもとに相当数、現存している。ここでは、贋作ではない作品の中からいくつか採り上げて、シッダールタ太子（以下、太子と略記）と馬の道案内をする天部の比定を「四天王捧鉢図浮彫り」（図7）の毘沙門天像および上述した北伝の経典を参照しながら試みてみよう。なお、梵天《ぼんてん》と帝釈天《たいしゃくてん》の図像の比定には、前述したローリヤーン・タンガイ出土「誕生図浮彫り」（図26）に描写された両天部の像容——帝釈天はターバンを頭に巻いたインド人王侯風人物、梵天はバラモンの修行者のように頭髪を髷《まげ》に結った人物——を参照されたい。

○ラホール、中央博物館の浮彫り、作品1（図27）

この作品には三段にわたって釈迦牟尼の宮廷生活（上段）、馬丁のチャンダカが馬のカンタカを太子の前に連れてきた場面（中段）、太子の出城の光景（下段）が描写されている。本書の趣旨にとって重要なのは下段の「出家踰城図」である。下段には、正面を向いたカンタカ（欠損）に乗った太子が右手を施無畏印《せむいいん》に結び、正面向きで描写されている。太子の左右に複数の人物（天部）が描写されている。画面の向かって左の部分には、太子の傍らに、イラン系の合弓《あわせゆみ》をかついだクシャン族王侯風ないし男子風の人物が描写されている。その右手の先端部分は欠損しているが、腕の部分が下方に垂れているので、おそらく斜め下前方に差し出されているのであろう（道案内）。また、上半身は長袖の上着と札甲《さっこう》で覆われ、左肩には小型マント（クラミス＝パルダメントゥム）の留め金が見られる。両足は破損しているが、半長靴を履いているか、あるいはゲートル（靴下）をつけているようである。最も重要な点は、頭部にはターバンはなく、一対の鳥翼をつけていることである。

このように、この非インド的な人物は、その外観が「四天王捧鉢図浮彫り」（図7）の毘沙門天像のそれに類似するから毘沙門天に相違ない。

この毘沙門天の左側背後には、金剛杵《こんごうしょ》を持った執金剛神《しゅうこんごうじん》の上半身像が描写されている。

この執金剛神のさらに左側にもう一人の人物が描写され、その表面はほとんど破損しているが、その体の動勢から判断すると、両足を交差させ、体を捩《よ》じって太子を見上げていると解釈できる。それゆえ、これは女性像で、太子の出家を悲しむカピラヴァストゥ城の守護女神像であろう。一方、画面の向かって右の部分には、太子の頭上に傘蓋《さんがい》をかざす馬丁のチャンダカ（後ろ向き）を含む五人の人物が描写されているが、右から二番目の人物はターバンを頭に巻いたインド人王侯風の男子で、明らかに右手を斜め前方に下げて「こちらにお進みください」といわんばかりに進路を示す仕種《しぐさ》をしている。この人物がおそらく帝釈天であろう。この人物とチャンダカの間にいる人物は頭髪（修行者の結髪？）が巻き毛であるが、帝釈天と同じように右手を斜め下前方に差し出して道案内をしていると解釈できよう。とすれば、修行者《バラモン》姿の梵天である可能性もあろう。最も右端の人物は衣装から女性と判断できるので、太子の出家に一時悲嘆にくれていたカピラヴァストゥ城の守護女神（画面向かって左の女性像）が気を取り直して賛嘆している姿を改めて描写したと解釈すべきであろう。

結局、この作品では、画面左側にファッロー神型の毘沙門天像、画面右側にインド人王侯風の帝釈天（および梵天）を配し、二人ないし三人が太子の道案内をしていることを描

図27　出家踰城図浮彫り（2～3世紀、中央博物館、ラホール）

図28　出家踰城図浮彫り（2～3世紀、パキスタン国立博物館、カラチ。日本放送協会『パキスタン・ガンダーラ美術展』1984年より、田中学而氏撮影）

写していると解釈できよう。すなわち、『普曜経《ふようきょう》』にいう「天帝毘沙門天前導」の章句に相当しよう。あるいは、画面向かって右側の修行者風人物が「梵天」であれば、その右隣りの帝釈天、画面向かって左の毘沙門天とともに、『根本説一切有部毘奈耶破僧事《こんぽんせついっさいうぶびなやはそうじ》』巻第四および『サンガベーダヴァストゥ』に記された「多聞天及び梵天と帝釈天が菩薩の道を先導する」の梵天、帝釈天と多聞（毘沙門天）に相当しよう。いずれにせよ、札甲で武装し合弓を持った人物は、頭部に鳥翼がついているから、「四天王捧鉢図浮彫り」（図7、11）の毘沙門天と同一人物に相違ない。

○パキスタン国立博物館の浮彫り、作品2（図28）

画面の向かって右端、コリント式柱の傍らには、太子の出家を嘆き悲しむカピラヴァストゥ城の守護女神が腰を下ろし、右手を頬につけて思案に耽《ふけ》っている。その左側にはカピラヴァストゥ城の城門の一部が描写され、その左側では太子が乗った馬カンタカの四足を、蹄《ひづめ》の音がしないように二人のヤクシャが支えている。馬の鼻先の前方には、ターバンを頭に巻き、長袖の上着を着た男子が左手に合弓を持ち、肩に矢筒を背負い、右手を斜め下に差し出して道案内をしている。ただし、その下半身はインドの下着（ドーティー）で覆われ、腰にはインド風に帯を巻いているので、この人物の衣装にはイラン系とインド系が混在している。しかし、この人物は、図27の合弓を持つ人物に匹敵するから、毘沙門天に相違ない。むろん、頭に鳥翼がついていないので、あるいはローリヤーン・タンガイ出土品（図23）に描写されたクヴェーラとも考えられなくもないが、完全にインド人王侯の姿ではないから、毘沙門天と解したほうが妥当であろう。その傍らでは女性が立ち合掌して太子に敬意を表している。これは、画面の右端に描写された女性と同じカピラヴァストゥ城の守護女神で、悲嘆から立ち直り太子の偉業を賛嘆しているのであろう。彼女の背後には、花綱飾りを持つヤクシャのような人物が立っているが、これは太子の出家を賛嘆する四天王の眷属《けんぞく》を代表しているのであろう。そして、画面の向かって左端に二人の人物が立ち、守護女神と同じく合掌し、太子に敬意を表している。その中の一人は頭にターバンを巻いているから帝釈天に相違ない。そして、もう一人の人物の頭髪は修行者のように髻を結ったものであるから梵天に相違ない。

このように、この作品では毘沙門天、梵天、帝釈天の三人が描写されているので、上述した仏典の出家品と比べれば、『根本説一切有部毘奈耶破僧事』巻第四および『サンガベーダヴァストゥ』に記された「多聞天及び梵天と帝釈天が菩薩の道を先導する」に相当しよう。しかしながら、太子の道案内をするものは毘沙門天一人で、梵天と帝釈天にはその役割は与えられておらず、この両天部は完全に脇役に堕している。このように、この作品の帝釈天と梵天は、図27の帝釈天（と梵天）に比べ、道案内の役を喪失しているから、毘沙門天の道案内者としての地位は図27の場合より一段と高まり、やがて毘沙門天が単独で道案内をする図像へと発展していく過渡的な段階にあるといえよう。

○パキスタン国立博物館の浮彫り、作品3（図29）

インドのチャイティア・アーチを模した三葉形の浮彫りで、上段から下段にかけて、宮廷生活（上段）、出家の決意（前夜）（中段）、出家踰城（下段）の場面が描写されている。下段の中央には、太子とカンタカが正面観で描写され、馬の足を二人のヤクシャが支えている。画面の向かって右側には馬丁のチャンダカが傘蓋《さんがい》を太子の頭上に掲げている。その背後には、円形頭光で荘厳《しょうごん》された天部が配されているが、帝釈天のようにターバンはつけていない。その頭頂は一見すると如来像の肉髻《にくけい》のように見えるが、おそらく梵天の丸髷を描写したものであろう。

一方、画面の向かって左側には、長袖の上着と魚鱗形の小札《こざね》を連ねた鎧を着た男子が左

図29　出家踰城図浮彫り（2～4世紀、パキスタン国立博物館、カラチ。日本放送協会『ブッダ展』1998年より、田中学而氏撮影）

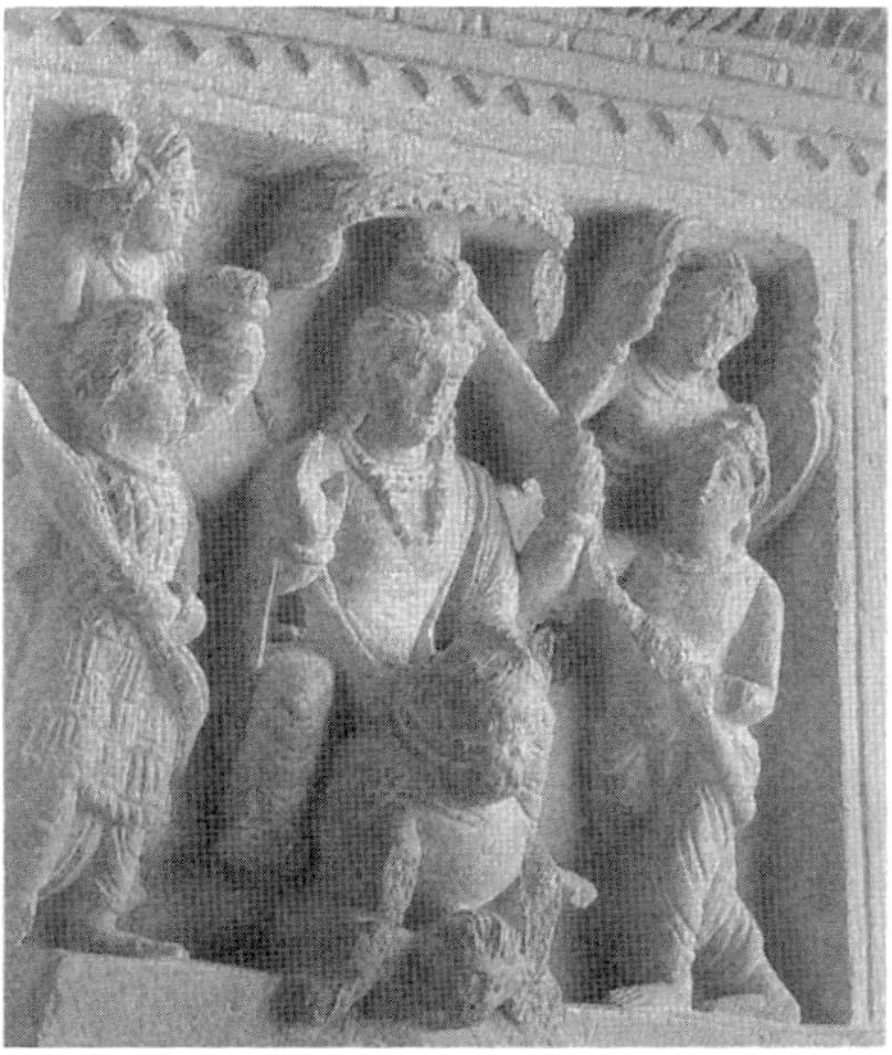

図30　出家踰城図浮彫り（2～4世紀、パキスタン国立博物館、カラチ。日本放送協会『パキスタン・ガンダーラ美術展』1984年より、田中学而氏撮影）

手に合弓を持ち、右手に矢を持って立っている。その背後にヘルメットを被り、同じく魚鱗形の小札を連ねた鎧を着た人物の上半身が覗いている。合弓を持つ人物の頭部には一対の鳥翼があり、肩には小型のマントを羽織っているから、この人物が毘沙門天であることは疑問の余地がない。腰には垂飾りのあるベルトを締めているが、このような形式のベルトはクシャン族王侯を表した図像にしばしば見られる。ただし、下半身はインド系のドーティーを纏《まと》っている。このように、この作品では、帝釈天と確認できる人物像はもはや見られない。その結果、毘沙門天の道案内者としての役割がいっそう鮮明になっていることがわかる。

○パキスタン国立博物館の浮彫り、作品4（図30）

図29にほぼ同じ構図の浮彫りで、下段に出家踰城図が描写されている。正面観の太子と馬が中央に配され、一人のヤクシャが馬の前足を支えている。その向かって右側には、傘蓋を太子の頭上にかざす馬丁のチャンダカとその上方に「夜の女神」の上半身が描写されている（「夜の女神像」については後述、一二二～一二三ページ参照）。画面の向かって左側には、合弓を左手で持ち、右手でおそらく道案内をしている男子が太子を見上げている。そ

の背後には太子に散華ないし供養すべきものを両手で持つ人物の上半身が描写されている。合弓を持つ人物は長袖の上着と小札を連ねた鎧を着ているが、下半身はインド系のドーティーで覆っている。この人物の頭部には一対の鳥翼があるから、毘沙門天にほかならない。この作品では、梵天と帝釈天は完全に無視され、唯一毘沙門天が太子の道案内を行っているので、毘沙門天が太子の道案内者としての絶対的地位を獲得したことが読み取れよう。

毘沙門天像の確認

馬の牽引者
ヘルメース神

以上、四つの出家踰城図浮彫りに描写された合弓《あわせゆみ》を持つ武人像を考察した結果、この人物は「四天王捧鉢図浮彫り」（図7）に描写されたフアッロー神型の毘沙門天と同一人物であることが判明した。そして、このような比定は、上述した仏教経典（出家品）に太子の道案内者の一人として挙げられている毘沙門天に矛盾しないことも明らかとなった。かくして、筆者の毘沙門天説は、彫刻の図像学的分析と文献資料の両面から裏付けられるので、出家踰城図浮彫りの主人公は太子と毘沙門天ということになる。そして、この両者の関係が、いわば「主人と護衛」というものではなく、むしろ「主人と道案内者」の関係であることも明白になった。それゆえ、太子に敵対する魔王マーラが介在する理由もスペースも仏伝の出家品《しゅっけぼん》およびガンダーラの出家踰城図浮彫りには存在しないのである。

この筆者の結論を傍証するもう一つの興味深い資料が存在するので、それについても触れておこう。それは一見するとやや唐突に思われるかもしれないが、実はすでに七五ページで言及したギリシア神話の一つ「ペルセポネーの略奪」（図22）である。この図ではヘルメース神は四頭の馬を牽引している。また四頭の馬が牽引する戦車に乗っているのはペルセポネーを抱くプルートーン神ないしハーデース神（Hades）であるが、この図柄は実に馬カンタカに乗る太子の傍らにいる毘沙門天に似ている。また、馬カンタカの四足を支えるのは四天王が派遣したヤクシャであるから、馬と四天王との関係は強い。このような点を考慮すれば、馬の手綱をとるヘルメース神をモデルとして、ヘルメース＝ファッロー＝毘沙門天が太子の馬の前に描写されるのは決して不自然ではなかろう。すなわち、ハーデース（プルートーン）神と馬を先導するのは、太子と馬を先導することに等しい。このようなわけで筆者は、この「ペルセポネーの略奪」に描写されたヘルメース神も「道案内者」であるから、この図像も出家踰城図浮彫り中の弓矢を持つ武人像が毘沙門天であることの傍証になりえると考えるのである。ここにおいてギリシア神話に言及した次第である。

結局、これら四点の作品の図像分析から判明した毘沙門天の図像の特色は次のようになろう。

毘沙門天の図像的特色

1　合弓を持っている。
2　長袖の上着を着ている。
3　原則として頭部に一対の鳥翼をつけている。
4　小札鎧《こざねよろい》を着ている場合がある。
5　小型マントを羽織っている場合がある。

この五点の特色の中で、2〜4の特色はクシャン朝の豊穣の神ファッローの像容と共通する（図9、10、12参照）。小型のマントは、アフガニスタン北部やウズベキスタン南部に移住したギリシア人が前三世紀半ばころに建国したグレコ・バクトリア王国の国王の肖像（コイン）をはじめ、クシャン朝のウェーマ・カドフィセス王やカニシュカ一世（図15）、フヴィシュカ王の肖像（コイン）にも見られるので、クシャン族の国王肖像の影響を示しているが、ファッロー神の場合は大型のマントである。

『ヴェッサンタラ・ジャータカ』

小札鎧については、ソグド語本『ヴェッサンタラ・ジャータカ』の第九〇八〜九二二行に記されているスダナ太子（＝ヴェッサンタラ）の外観に関するバラモン僧の疑問が参考になろう。それによるとスダナ太子の姿を見たバラモン僧はかれを神々の一人ではないかと疑い「もしかれが毘沙門天ならば、かれは完璧な鎧で身体を覆っているであろう」と自問自答している。この『ヴェッサンタラ・ジャータカ』（Vessantara-Jātaka）は漢訳『太子須大拏《しゅだいな》経』（大正新脩大蔵経第三巻、四一八ページ上〜四二八ページ上）に最も近い内容であるといわれるが、『太子須大拏経』にはここに引用したバラモン僧の自問自答は記されていない。それゆえ、この箇所は七世紀ころに『太子須大拏経』がソグド語に翻訳された時に挿入された、あるいはソグド人が勝手に創作したといわれる（F. Grenet, "Vaiśravaṇa in Sogdiana – About the origins of Bishamonten", *Silk Road Art and Archaeology*, Vol.4, 1995/96, p.277. 吉田豊「ソグド語仏典解説」『内陸アジア言語の研究』第七号、一九九一年、一〇一ページ）。

いずれにせよ、この経典はガンダーラの出家踰城図浮彫りよりはるか後世に著されたから、ガンダーラの毘沙門天が鎧を着用し、それが毘沙門天像の像容の大きな特色であったことを証明するものではないが、少なくとも、札甲で武装した毘沙門天像が七世紀以前に存在していたことを証明していよう。また、このようなイラン系の鎧を着た人物がインド系のクヴェーラではないことも、間接的にではあるが判明しよう。

問題は合弓である。なぜ、毘沙門天（クヴェーラ）は手に合弓を持っているのであろうか？　次にこの問題を考察しなければならないが、しかし、この問題は、出家踰城の挿話が満月の夜の夜半に起こったことに密接に関係している。それゆえ、まず最初に、幾つかの出家踰城図浮彫りにおいて「夜半の観念」がどのように描写されているかを明らかにした後で、弓矢の問題を扱ったほうが理解しやすいので、この問題は後回しにし（後述一五五〜一六三ページ参照）、「夜の造形」の問題を先に考察することにしたい。

光と闇の造形

出家踰城図浮彫り

夜の女神像

出家踰城図の三つの問題

前章において、ガンダーラの出家踰城図《しゅっけゆじょうず》浮彫りに描写された弓矢を持つ武人像は魔王マーラではなく、太子の道案内をする毘沙門天《びしゃもんてん》であることを論証したが、このように、この武人像を魔王マーラではなく毘沙門天と比定したのは、大きな意味があると思う。たとえばこの浮彫りの主題に関しても、必然的に従来とは別の解釈をなさねばならないであろう。というのは、従来の定説によれば、この浮彫りの主題は太子の出家をめぐる魔王マーラと太子の抗争対立ということになっている。しかしながら、魔王マーラはこの浮彫りにはまったく存在しないのであるから、この浮彫りの作者にそのような意図が存在しなかったことは明白である。それゆえ、新たな解釈を提示することによって、定説の魔王マーラ説に決定的なダメージを与え、筆者の毘沙門天説の正しさを補強することができると思う。

では、ガンダーラの彫刻家が出家踰城図浮彫りの画面構成によって真に表現しようとしたのは何であったのであろうか？　以下においてこの問題を考えてみたい。この問題に対する解答の糸口は、一つにはいくつかの出家踰城図浮彫り（図30、31）において画面の上段の片隅に描写されている女性の上半身像であり、もう一つは太子と馬がしばしば正面観で描写されている事実にある。筆者の見解によれば、この女性の上半身像は「夜の擬人像」であり、太子の正面観描写は光明を象徴する。そして、この二つの特色がともに表現されている作品が比較的多いから、夜の擬人像と太子の正面観描写は原則としてペアーになっていることが想定されるのである。換言すれば、この浮彫りでは「光と闇」が劇的に対比されているのである。なぜ、このようなことが行われたのであろうか？

ギメ美術館の作品

まず、夜の女神らしき女性像を描写した典型的な作品を挙げ、その図柄の解説からはじめよう。この浮彫り（図31）はパリのギメ美術館が所有する出家踰城図浮彫り（ニモグラム出土？）であるが、コリント式柱で仕切られた画面の中央にカンタカに乗ったシッダールタ太子が正面観で描写されている。そして、その左右には太子の出家を賛嘆している多数の天部や神々が描写されている。毘沙門天はといえば、太子の向かって左側に、左手に合弓《あわせゆみ》を持ち、右手に矢を一本持って立っている。その服装はファッロー神ないし、バクトリアからガンダーラに至る地域を統治したギリシア人国王、あるいはローマの皇帝の衣服に似ており、肩には小型のマントを羽織っている。当然のことながら、頭には一対の鳥翼がついている。梵天《ぼんてん》や帝釈天《たいしゃくてん》らしき人物像も画面の左右の列の中から探し出すこともできなくはないが、いまひとつ確証が持てない。たとえ描写されていたとしても、この二人の天部は完全に脇役に堕しているはずであるから、もはや取り立てて論じることもなかろう。

問題の女性上半身像（図32）が画面の上段、太子の頭部の向かって右側、城門を暗示する建築要素の右側に描写されている。そして、その位置と対称的な場所に、右手を口に当てて口笛を吹いている男子の上半身像が配されている。カピラヴァストゥ城の守護女神は太子の向かって右側、小さな柱に左肘《ひだりひじ》をつき、頭部を捩《よ》じって太子の顔を眺めている。このようなわけで、問題の女性上半身像がカピラヴァストゥの守護女神ではないのは明白であろう。

図31　出家踰城図浮彫り（2～4世紀、ギメ美術館、パリ）

図33　ウァドー神（中央、2～3世紀、インド美術館、ベルリン）

図32　夜の女神像（図31の部分）

この女性上半身像（図32）の特色はすでに挙げた図30の女性上半身像と同じく、両手にヴェールないしスカーフ（ショール）を持ち、それを頭上に翻している点にある。このような女性像はしばしば出家踰城図浮彫り以外にも見られるが、それは太子の妃ヤショーダラーの侍女のような俗人を表している。あるいは、このようにヴェール（ショール）を持った女性像ないし天女像は中央アジアの仏教美術にはしばしば表されている。特に著名なのは、アフガニスタン中部、バーミヤーンの三五《メートル》大仏の天井画の「太陽神像」の上端や中国の新疆ウイグル自治区、クチャ市の近郊、キジルの石窟のいくつかの壁に描かれた、いわゆる天象図に描写された女性の上半身像であるが、これらは松本栄一氏が『国華』第四六八号（一九一九年）に発表した論文「東洋古美術に現れた風神雷神像」で論じて以来、わが国では伝統的に「女の風神」と解釈されている。

女風神と風神

確かに、これら壁画の女性上半身像が両手で持つヴェール（ショール）は風を一杯孕《はら》んだ帆のようであるから、「女の風神」という解釈も一理はあろう。では、この浮彫りの女性上半身像（図32）は「女の風神」を表したものと断定してよいのであろうか？　まず、この可否について考察してみよう。

ガンダーラやクシャン朝の風神像については、ギリシアやローマ、ビザンティン、中世およびルネッサンス時代のヨーロッパ、中国、インド、日本の美術作品に描写された風神像と比較して筆者はすでに別稿で詳しく論じたので、ここではその結果の一部を参照して、この女性上半身像が風神ではないことを論じておけば十分であろう（拙論「クシャン朝の風神アネモス・ウァドーと東洋の風神の風袋の出現――俵屋宗達とサンドロ・ボッティチェルリの間」『文明学原論』山川出版社、一九九五年、二三五〜二六六ページ）。

まず、クシャン朝の風神像は二種類あって、カニシュカ一世、フヴィシュカ王などのコインの裏面に刻印されているが、両者とも男性神である。その一つはアネモス（Anemos）、もう一つはウァドー（Oado）と名前がギリシア文字で記されている。前者はギリシア語の風一般を意味する言葉で、後者はクシャン語ないしバクトリア語で、ゾロアスター教の二つの風神の一つウァータ（Vāta）に相当する。このタイプの風神像はギリシアの北風ボレアス、天空の神ウーラノス（カエルス）の像容を借用して創られている。このウァドー風神はガンダーラの仏教彫刻（図33）にも描写されているが、頭髪を逆立て、両手で風が一杯孕んだマント（ヒーマティオン）を持っている。もう一つの風神はウェーショー（Oesho）ないしウェーシュ（Oeshu）と呼ばれ、インドのシヴァ神の像容を借用して描写されているが、ゾロアスター教のもう一つの風神ワユ（Vayu）に相当する。このゾロアスター教の二人の風神はインドのヒンドゥー教では、それぞれウァータ（Wāta）、ヴァーユ（Vāyu）と呼ばれているが、両神ともゾロアスター教の場合と同様に男性名詞である。

このようなわけで、イラン系およびインド系の民族にあっては、風神は男性神とみなされていた。それゆえ、男性の風神を女性の姿で表す蓋然性はきわめて小さいといえよう。だから、出家踰城図浮彫り（図30、31、32）に描写された女性上半身像は、たとえ同じように風を孕んだショールないしヴェールを持っていようとも、まず「女の風神」とみなすことはできない。事実、上述した漢訳やサンスクリット語の仏典（出家踰城品）を見ても、女性にせよ男性にせよ風神が太子の出家時に登場したとは記されていないのである。

さまざまな女神像

では、この女性像は何を意味しているのであろうか？　筆者は「太子の出家が満月の夜の夜半であった」ことに関係していると思う。というのは、この作品（図31）や他の出家踰城図浮彫り（図27～30）を見ても、この場面が夜半を描写したものであるということは、仏伝の挿話の内容を知っていない人にはまず理解できない。それゆえ、そのような知識がなくても、この光景が夜半であることを理解せしめる必要があったのではないかと想定できるのである。とすれば、この女性像が「夜の女神」である蓋然性は大きいであろう。

しかしながら、上述した出家品の記述の中には「夜半」という言葉はあっても、「夜の女神」という言葉は見当たらない。古代インドにおいてはすでに『リグ・ヴェーダ』に夜を擬人化した女神ラートリー（Rātrī）に関する讃歌が収められているので、夜を女性の姿でイメージしていたことはわかってはいる。しかし、古代インドの美術には「夜の女神ラートリー」を描写した例は知られていないので、たとえラートリー女神の擬人像が創られていたとしても、その像容がどのようなものであったのか、皆目見当がつかない。少なくとも、この出家踰城図浮彫りの女性上半身像（図30、31、32）の外観にはインド的要素は皆無であるから、ラートリー女神と関係づける必要はなかろう。

むしろ、この女性像の源流は、その外観がヘレニスティックである点、ガンダーラの仏教美術の写実的な様式がグレコ・ローマ美術を想起せしめる点、釈迦牟尼《しゃかむに》仏陀のボディー・ガードたる執金剛神《しゅうこんごうじん》がギリシアのヘーラクレース神の像容でもって描写されている点などを考慮すれば、その源流をギリシアやローマなど地中海世界の古典古代の美術に求めるべきであろう。このような想定のもとに、ギリシア、ローマの美術の女性像、特に風を一杯孕んだヴェールないしショールを持つ女性像を調べてみた。ギリシアやローマの美術書を繙《ひもと》けば明らかなように、ヴェールないしショールを風にたなびかせた女性像は壺絵、大理石彫刻、青銅像、絵画、モザイク画などに多数表現されている。たとえば、ヴィーナス（アプロディーテー）、エウローペー、ニンフ、マイナス、ネーレーイデス、ニオベー、アウラ（微風の女神）、ホーライ、ネブラ（靄《もや》）、ヌブス（雲）、セレーネー（月）、アウローラ（曙）など枚挙にいとまない。

このような多種多様の女性像が風を孕んだショールないしヴェールを持っているが、月の女神セレーネーを除き、これらのいずれもガンダーラの出家踰城図浮彫りに描写された女性上半身像（図30～32）とは関係がないと思う。というのは、これら女性像に対応する天女ないし女神は上述した仏典（出家品）にはまったく記されていないからである。わずかにセレーネー女神は、月天子とか日月という言葉で「月」が出家の夜のカピラヴァストゥの上空に輝いていたと出家品に記されているから可能性があるかもしれない。

では、この女性上半身像（図32）は月の女神を表したものであろうか？　筆者はその蓋然性はきわめて小さいと思う。なぜならば、クシャン族などのイラン系民族にあっては、月神（ゾロアスター教ではマー＝Mah）は男性名詞で、クシャン朝のコインでは男性神のマオ（Mao）として刻印されているからである。また、ギリシアやローマのセレーネー女神はしばしば額に三日月をつけているが、ガンダーラの出家踰城図浮彫り（図30〜32）に描写された女性の上半身像（ヤショーダラー妃を除く）で、額に三日月をつけた例はまったく知られていない。それゆえ、この女性上半身像は月の女神ではないといえよう。とすれば、夜に関係するのは、ギリシアの夜の女神ニュクス（Nyx）、ローマの夜の女神ノックス（Nox）しかない。このようにこの女性上半身像を夜の観念に結びつけることの妥当性は、仏典（出家品）の内容にも符合するという側面があることはいうまでもないが、もう一つ、この女性上半身像が手にする風を孕んだヴェールないしショール自体にも「夜の観念」が暗示されているからである。

ギリシア・ローマの夜の女神

ギリシアやローマの美術に描写された女性像が手にするショールないしヴェールは、風を一杯孕んでいるところから、ヴェリフィカチオ（velificatio）と呼ばれているが、この言葉は文字通り「風を一杯孕んだ帆」を意味する。船の帆が風を一杯孕んでおれば、その船は海上を迅速に進むことができるから、このヴェリフィカチオは「迅速な航行」を意味し、やがて「スピード感」や「海上の追い風」を象徴するようになった。さらに、その形が蓋に似ているところから、天空や天蓋に転用され、「夜の帳」を象徴するようになったのである。これは古典古代美術において男性神に用いられた「天の外套＝Weltenmantel」に相当しよう。

このようなわけで、この女性上半身像を「夜の女神」と解釈するのは決して荒唐無稽ではなく、十分に学術的な根拠があるのである。

ではギリシア、ローマ美術の「夜の女神」について筆者が調査した結果を述べてみよう。ギリシアの夜の女神ニュクスはホメーロス（『イーリアス』）、ヘーシオドス（『神統記』）などに記載されている。それらによれば、ニュクスは極西の地の果てに住む、ゼウス神も恐れた女神で、運命の神、夢の神その他幾人かの神々を生んだ女神であった。このように彼女は畏怖された女神ではあったが、崇拝された例や神話もなかったといわれる。Ch・ダランベールとD・M・サリオが編纂した『ギリシア・ローマ古典美術辞典』（一九〇七年）の“Nox”の項目によれば、夜の女神は黒馬の牽引する戦車に乗り、ヴェール（マント）に身を包み、空中を駆けると記されている。そして、その像容はセレーネー、アウローラ、ルナなどの女神のそれに似ているため、彫刻や絵画では確信をもって「夜の女神」であると断定するのは難しいとある。

また、H・Th・ペックの『古典文学・美術辞典』（一九六五年）によれば、夜の女神は星宿《しゅく》《せい》が先導する戦車に乗ったり、疾走を暗示する翼をつけたり、あるいは星を散りばめた黒いヴェール（マント）で身体を覆った姿で描写されたという。さらに、ニュクスの二人の子供として「死＝Thanatos」と「眠り＝Hypnos」の像（有翼）がギリシアの壺絵などに描かれ、ローマ帝政時代には、この二人の子供を抱いたニュクスを描写した浮彫り（キュプセロスの大箱）がオリンピアの神殿の宝物の中にあったとパウサニアスが述べており、その推定復元図が知られている。また、このパウサニアスの記録に基づいてルネッサンス期以後に「二人の子供と有翼（無翼）のニュクスの像」が少なからず描かれている。しかしながら、このようなタイプの「夜の女神像」はガンダーラの出家踰城図浮彫り（図30〜31）には認められないので、本稿では問題とする必要はないであろう。

夜の女神像の諸例

本稿に直接に関係するのは、「星を散りばめた黒いヴェール（マント）で身体を覆う」というニュクスの特色であって、このような条件を満たすニュクス像は一〇世紀に描かれた旧約聖書の挿絵で確認できる。これらの図像にはラテン語で“Nox”、ギリシア語で“Nyx”と明記されているから、その比定は問題がない。その一つ（イサイアの祈禱、図34）によれば、夜の女神は確かに、星を散りばめた黒っぽいヴェール（マント）を両手で持ち、そのヴェール（マント）は風を一杯うけ半円形をなして女神の頭上に翻っている。また、別の挿絵（紅海の渡渉、図35）では、ニュクスは上半身像で描かれ、両手で風を孕んだヴェール（マント）を持って天空（画面の向って左上端）に浮かんでいる。中世ヨーロッパの美術作品（一三世紀）ではこのほか、黒人女のような裸体像、半裸の女性像でも描かれている（辻左保子『中世写本の彩飾と挿絵』岩波書店、一九九五年、四〇二～四〇三ページ、挿図9－3、4）。

ここに挙げた中世ヨーロッパの「夜の女神像」は明らかに古典古代の「夜の女神像」を踏襲したものであるから、これら確実な夜の女神像の像容を参照すれば、ある程度ヘレニズム時代やローマ帝政時代に制作された夜の女神像を比定することが可能となろう。あるいは断定できないまでも少なくとも、古典古代の夜の女神像の基本的な形式を推定することはできよう。しかしながら、現実はそれほど簡単ではない。古典古代美術の専門家にとっても夜の女神像の比定はきわめて難しいようである。事実、専門家によって比定がしばしば異なる。その主たる原因は、夜の女神像に固有の明確な図像学的規範が欠如している点にあるといえよう。それゆえ、エーオース・アウローラ女神、アルテミス（ダイアナ）女神、ヘーリオス神（太陽神）など「夜の女神」と比較的関係が深い神像と一緒に描写されていない場合は専門家といえども比定に苦労するようである。ましてや筆者は古典古代美術の専門家ではないので、十分な論証をもって夜の女神像を比定することはできない。

図34　夜の女神像（10世紀、国立図書館、パリ。小学館『ルーブルとパリの美術』II、一九八七年より）

図35　夜の女神像（10世紀、国立図書館、パリ）

ただ古典古代美術の専門家がすでに夜の女神像と比定したものの中から、筆者なりに検討した結果、比較的妥当であると思われる夜の女神像を以下において若干紹介してみよう。

ローマのヴィラ・メディチ蔵の大理石製石棺には、パリスの審判などが描写されているが、その画面右上段にヘルメース神、ゼウス神、セレーネー女神が並んでいる。ゼウス神の左肩とセレーネー女神のヴェールの間に、夜の女神像（図36）が小さく浮彫りされている。彼女は風を一杯孕んだヴェール（ショール）を頭上高く掲げている。また、イタリアのヴェレトリ市の近くで発見された「ヴェレトリの大理石製石棺」（二世紀半ば）についてはすでに言及したが、その裏面には、左右にゴルゴーン（メドゥーサ）の頭部を配した女性の正面向きの胸像（図37）が描写されている。この女性は両手で風を一杯孕んだヴェールないしマントを持っているので「夜の女神」を表しているとみなすことができる。この女性像が描写された面は石棺の背面で、正面にはヘーリオス神、セレーネー女神、ウーラノス神（天空）が描写されている。これらの三神は現世を象徴し、それに対して、背面のゴルゴーンと女性胸像は黄泉《よみ》の国を象徴している。ゴルゴーンは月ないし太陽の光に対応する存在として用いられているといわれるが、女性胸像は天空の神ウーラノスに対応する。それゆえ、ウーラノス神が昼間の天空を象徴しているので、それに対応する女性胸像

図36　夜の女神像（右上端）石棺部分（ローマ帝政時代、ウィラ・メディチ、ローマ）

図37　夜の女神像、石棺部分（ローマ帝政時代、ウェレトリ、イタリア）

は夜の帳《とばり》（天空）を象徴していると解釈できるわけである。このようなわけで、この女性像（図37）は夜の女神像であると思う。

また、ローマのトラヤヌス帝（九八〜一一七）の記念柱には、月の女神セレーネーないしアルテミス女神のような胸像を山の頂の向こう側に描写している部分が二ヵ所あるが、風を孕んだヴェール（マント）を両手で持ち正面を向いた姿はヴェレトリの石棺の夜の女神像に酷似している。月は「黒い夜の眼」（アイスキュロス『ペルシカ』、四二八）といわれ、さらに夜の女王ともみなされ、風を一杯孕んだヴェール（マント）を両手で持った女性の姿でローマ帝政時代の大理石製石棺などに描写されている。この記念柱のダキア征服に関係する場面に描写された女性胸像も、これら二人の女神のいずれでもなければ夜の女神を表していると解釈してもよいかもしれない。また、セレーネー女神は、牧童のエンディミオンに恋をした物語で有名であるが、その物語を描写したローマ帝政時代の大理石製石棺がいくつか知られている。その一つ、ローマのセント・パウロの「フォーリ・レ・ムーラ」に現存する大理石製石棺に彫刻された「エンディミオンとセレーネー」の画面中央には裸体のアプロディーテー女神が描写されているが、その右側には眠るエンディミオンの傍らに、額に三日月をつけたセレーネー女神と、夜の帳を片手で持つ夜の女神が立っている。この場合は、セレーネー女神と一緒に描写されているから、夜の女神像に間違いなかろう。

以上、夜の女神像を数点しか挙げることはできなかったが、これらの像容とガンダーラの出家踰城図浮彫りの諸例（図30〜32）の像容を比較すれば、後者の風を一杯孕んだヴェールないしショール（スカーフ、マント）を両手で掲げている女性上半身像（中には全身像の場合もある、ローマの国立東洋美術館蔵、Inv.no.1131）は「夜の女神像」であると断定しても間違いではなかろう。

このような結論は、太子と馬が正面観で描写されている意味を明らかにすることによっていっそう理解しやすくなるので、次に「太子の正面観描写」について考察してみよう。

騎馬のシッダールタ太子の正面観

太陽神と正面観

図27、29〜31のように、ガンダーラの出家踰城図浮彫《しゅっけゆじょうずうきぼり》には、太子と馬を正面から描写した例が比較的多い。このようなタイプの浮彫りは仏塔の伏鉢《ふくばち》部分に単独で置かれていた。これに対して、別のタイプの出家踰城図浮彫り（図28）では太子と馬は側面観で向かって右から左へと進行している状態で描写されている。このようなタイプの浮彫りは仏塔の基壇や階段の蹴込《けこ》みに他の仏伝浮彫りと一緒に水平に配列されていた。それゆえ、仏教寺院に参拝した仏教徒は、釈迦牟尼《しゃかむに》の伝記上のエピソードを年代順に右から左へと右回りに見ていくことになる。だから、このような一連の仏伝浮彫りの一つである出家踰城図浮彫りでは太子と馬が右から左へ進む状態で描写され、

決して逆の方向では描写されていないのである。

一方、もう一つのタイプの出家踰城図浮彫り（図27、29～31）では原則として、釈迦牟尼の伝記は上下、垂直に配している。たとえば、宮廷生活、出家前夜、出城と太子の伝記の時間的推移に従って三つのエピソードが上から下へと描写されている。そして、通常は「出家踰城図」を最も下の部分に配している。このような配列の仏伝浮彫りは、仏塔の周りを右回り（右遶《うにょう》）して見るためではなく垂直に見るために作られている。それゆえ、太子と馬が右から左へと進行する必要はなくなり、あるいはそのような形式は具合が悪いので、作者は太子と馬が見るものに向かって真正面から進んで来るように変えたのであろう。

このような変換は単に形式ないし様式の変化だけではなく、太子像に格別の意味を付した結果なされたのである。それは、古代美術における「太陽神の正面観描写」に関係するので、以下においてこの問題を考察し、前述した「夜の女神像」の解釈の妥当性を補完したい。

太陽神へーリオスはギリシアの美術では、馬四頭が牽引する戦車に乗った姿で描写されていた。また、擬人化された太陽神を頭部だけで描写する場合は円形の太陽（太陽の本来の姿）に影響されたのであろう、正面観で描写した。このようなわけで、戦車を御す太陽神はしばしば正面観で描写されるようになり、それが中央アジア西南部（グレコ・バクトリア王国）に移住したギリシア人によってオクサス河中流域に伝播《でんぱ》したことが、グレコ・バクトリア王の一人プラトーが発行した四ドラクマ銀貨の図像（図38）によって判明している。

また、このようなギリシア系の太陽神像は古代インドにも伝播し、戦車に乗った太陽神スールヤを正面観で描写するようになったことが、ボードガヤーの仏教寺院（前二〜前一世紀）の浮彫り（図39）やマトゥラー出土（クシャン朝時代）の仏教彫刻（例ーラクノウ州立博物館、Inv.no.B208：マトゥラー国立博物館、Inv.no.4016）などによって判明している。ガンダーラにおいても、馬四頭立て戦車に乗った太陽神ないしアルテミス女神を描写した化粧皿が制作されていた（前一世紀〜後二世紀）。

太陽と仏陀

一方、ガンダーラの仏教美術においても、太陽神の図像に倣《なら》って菩薩や仏陀が馬四頭ないし二頭立て戦車に乗っている図柄が用いられている。このように、太陽神の正面観描写は西アジアから中央アジア、インド亜大陸にまで幅広く伝播したことが知られているが、その結果、馬が牽引する戦車に乗った人物を正面観で描写する形式は太陽の光を暗示するものとして用いられるようになった。特に釈迦牟尼《しゃかむに》については、その伝記の骨子には太陽神話の影響が濃厚であることが記述したようにE・スナールによって早くから指摘されているので、その菩薩形にせよ如来形《によらい》にせよ、太陽神の図像を借用するのは当然といえよう。

また、サンスクリット語やパーリ語の仏典には、釈迦牟尼が太陽の一族（Sūryavaṃśa）の後裔《こうえい》とか、太陽（Āditya）の系譜に属すると記されているが、前述したマトゥラーの作品では、如来像の傍らに正面観の太陽神を描写したり、あるいは仏教寺院に太陽神像

図38　ヘーリオス神、プラトーン王銀貨裏（前2世紀、日本、個人蔵）

図39　スールヤ像（ボードガヤー、前2～1世紀、ボードガヤー博物館）

を導入して、釈迦牟尼が太陽の一族の末裔であることを強調しているのである（D.M. Srinivasan, "Genealogy of the Buddha in Early Indian Art", T.S. Maxwell (ed.), *Eastern Approaches*, Delhi, 1992, pp.41-42）。すなわち、ガンダーラの出家踰城図浮彫りにおいて、太子を正面観（馬も必然的に正面観となる）でわざわざ描写したのは、太陽神、すなわち「光明」と太子の出家を結びつけたのではないかと想定できるのである。

このような想定をはじめて行ったのはA・ソーパーである（"Aspects of Light Symbolism in Gandharan Sculptures", *Artibus Asiae*, Vol.13, 1946, pp.79-81）。彼の見解によれば、馬に乗った太子の正面観描写は「太子が光明を放ちながら、あたかも太陽の如くカピラヴァストゥ城を去っていった」ことを暗示しているというのである。むろん、出家踰城図浮彫りでは戦車に乗ってはいないが、それは馬（カンタカ）によって代用されているとみなせば問題はなかろう。もしA・ソーパーの解釈が正鵠《せいこく》を射ていれば、前述した「夜の女神像」は夜の帳《とばり》を象徴しており、光明に包まれた太子像を夜の闇のなかに際立たせるようになろう。

また、このような明暗対比は、太子の出家が重要な「通過儀礼」すなわち、俗界から聖界への偉大なる旅立ちに関係しているから、その聖俗の差異を強調し鮮明に造形化したことにもなろう。その意味で、この「太子の正面観描写」の意味の解釈は重要なのである。

諸仏典の記述

では、実際に仏教経典の出家品において、太子の「放光明」が言及されているか調べてみよう。後漢時代に漢訳された『修《しゅう》行《ぎょう》本《ほん》行経《ぎきょう》』巻下の出家品には「太子は即座に馬に乗り、宮殿から出て城門に参詣に行った。諸天部や竜神、梵天《ぼんてん》と帝釈天《たいしゃくてん》、四天王たちが皆楽しそうに従った。（中略）ここにおいて城門は自然に開き、太子は門を出てカンタカの背にまたがって空中を飛び去った」と記すのみで、「放光明」にはまったく言及していない（大正新脩大蔵経第三巻、四六八ページ上）。

また三国の呉（三世紀）で漢訳された『太子瑞応本起経《たいしずいおうほんぎきょう》』巻上の出家の部分には「鬼神（ヤクシャ）が馬（カンタカ）の足を捧げ挙げ、馬丁のチャンダカを供に宮城を出て行った」ときわめて簡単に記すだけで、光明には触れていない（大正新脩大蔵経第三巻、四七五ページ中）。このように、比較的早い時期に漢訳された、おそらく比較的古い時代にガンダーラなどで用いられていた経典には「太子の放光明」は述べられていないので、「太子の放光明」はおそらくクシャン朝時代、カニシュカ一世ないしフヴィシュカ王の御世にガンダーラの仏教美術が興隆したころに仏典の出家品に登場するようになったと推測できよう。

そこでクシャン朝時代に著されたいくつかの経典を参照してみよう。まずアシュヴァゴーシャ（馬鳴《めみょう》）が二世紀ころに著したといわれるサンスクリット本『ブッダチャリタ』（漢訳『仏所行讃《ぶっしょぎょうさん》』出城品）の出家に関する章句には、「姿態うるわしき王子は火のように輝きながら、白馬に跨がった。そのさまはあたかも太陽が秋の(白)雲に昇るごとくであった」とか「太陽を曳く馬のごときかの駿馬」ときわめて詩情豊かに描写されている（原実訳『ブッダ・チャリタ』中央公論社、一九七四年、一一二、一一四ページ）。

サンスクリット本『マハーヴァストゥ』（Mahāvastu 大事）の出家に関する部分には、「太子が城門から出ていった時、この世には偉大な、崇高にして無量の光明が現れた」と記されている。一方、パーリ本『ニダーナカター』においても、「太子は多大の尊敬を受け、広大な栄光をになって出発された」とやや詩的に表現している。これらの経典を参照すると、太子＝太陽＝光明の関係が容易に読み取れよう。

一方、漢訳経典では、隋時代に漢訳された『仏本行集経《ぶつほんぎょうじゅっきょう》』巻第二の出家品に「太子はそこで馬に乗った。日（太陽）が初めて出るようであった。白馬の上にあるが、その有様はあたかも秋の月のようであった」と記されている（大正新脩大蔵経第二四巻、六八ページ下）。六朝の宋時代（五世紀）に漢訳された『過去現在因果経《かこげんざいいんがきょう》』巻第二の出家品では、

「その時太子は明相（＝プシュヤ星）が出ているのを見て、身体から光明を放った。その光は十万ヨージャナに及ぶ地域をあまねく照らした」とある（大正新脩大蔵経第三巻、六三三ページ下）。さらに、唐時代に漢訳された『方広大荘厳経《ほうこうだいしょうごんきょう》』巻第六の出家品では、「梵天と帝釈天が太子に対して宝路を開示したところ、菩薩（＝太子）は大光明を放ち、一切無辺世界を明るく照らした」と記されている（大正新脩大蔵経第三巻、五七五ページ下）。西晋時代（三世紀）に漢訳された『普《ふ》曜経《ようきょう》』巻第五の出家品では、「太子の身体は獅子のようでその体の色は紫金色である。（中略）帝釈天と毘沙門天が太子と馬を前導した」と記した後に「大浄光明を放ちあまねく天地を照らす」とある（大正新脩大蔵経第三巻、五〇七ページ中）。この表現は一見すると、帝釈天と毘沙門天が大浄光明を放ったように見えるが、『方広大荘厳経』巻第六の出家品の記述を参照すれば、太子自身が光明を放ったと解釈しなければならないであろう。というのは、『方広大荘厳経』および『普曜経』のサンスクリット語原典の一つないしそれに近い内容を有している『ラリタヴィスタラ』の第一五章（出家踰城品）の相当箇所では「帝釈天と梵天が二人太子の前に在って、宝路を開示したところ、彼（太子）の体から光輝く浄光明が放たれ、大地を照らした」と記されているからである。

俗界から聖界へ

このような仏典の記事を参照すれば、ガンダーラの出家踰城図浮彫りにおいて太子が正面観で描写されている場合には、太子の身体から光明が発せられていると解釈すべきであることが判明しよう。このような光明は、一説によれば、釈迦牟尼の悟り＝菩提《ぼだい》を象徴しているという。つまり、出家後何年か苦行した後に、ボードガヤーの菩提樹の下においてなした偉業「成道《じょうどう》」をこの出家踰城図浮彫りは暗示しているというのである。また、このような出家がその後に続く太子の「苦行」を暗示していることはいうまでもなかろう。それゆえ、この太子の正面観描写は、俗界から聖界への通過儀礼でもある。この儀礼はまた、カピラヴァストゥ城の城門（聖俗の境界）を描写することによっても暗示されている。それゆえ、「ファッロー神・ヘルメース神・メルクリウス神」の章、「象徴的意味」の節（六七、七二ページ）において言及したヘルメース神の「霊魂の導師」という役割も、このような通過儀礼の図には応用できよう。つまり、それは本来この世からあの世への旅立ちにおいて死者の霊魂を導くものであるが、それを俗界から聖界へ置換して考えれば、ヘルメース神の役割を毘沙門天の「導師」の役割に転化するのは容易なことであろう。筆者はこのように考えて、このヘルメース神の「霊魂の導師」という職能も毘沙門天が出家踰城図において太子の道案内をしている傍証となりえるとみなすのである。

そして、この通過儀礼の観念を明示するために、ローマ皇帝の出城（profectio Augusti）や入城（adventus Augusti）の図像を借用したのである。太子が右手を施無畏印《せむいいん》に結んでいるのは、ローマ皇帝の右手の仕種《しぐさ》（皇帝の祝福、巨大な辟邪《へきじゃ》の手、無敵などを意味する）に倣《なら》ったものともいえよう。すなわち、太子は無敵の救済者＝転輪聖王《てんりんじょうおう》に等しい存在であることが強調されている。

以上、夜の女神像と光明の観念について考察したが、結局、このタイプの出家踰城図浮彫り（図29、30、31）では、明暗、光と闇の対比が基調となって造形が行われていることが判明したと思う。これは、おそらく、太子の出家が神々や諸天部から祝福された素晴らしい偉業であることを劇的に印象づけようとしたと解釈できる。A・フーシェをはじめとする先学たちがいうような魔王マーラが存在するスペース（余白）はこれらの出家踰城図浮彫りにはまったくないのである。

驚愕と賛嘆の仕種

このように太子の出家踰城を祝福し賛嘆することがガンダーラの出家踰城図の真意であったのである。それが最も明確に表現されているのが、ギメ美術館の作品（図31）であるので、それを用いて、祝福賛嘆の観念を証明しておこう。この作品の向かって左側のグループの上段で、夜の女神上半身像と対称的な位置に、右手を口に当てて口笛を吹き、右手で天衣を持った有髭・髯・鬚の男子の上半身像が描写されている。ガンダーラの出家踰城図浮彫りにおいては、筆者の知る限りこの作品以外にこのような不思議な人物を描写した例は知られてはいない。

しかしながら、他の仏伝浮彫りにはこのような仕種《しぐさ》の男子がしばしば描写されている。たとえば「誕生図浮彫り」（図40、フリーア美術館蔵）や「舎利の運搬図浮彫り」などに見られる。このような仕種は、驚愕や賛嘆を表していると考えられる。太子の「誕生」を述べた仏伝（誕生品）では、釈迦牟尼が母親のマーヤー夫人の右脇腹から無血で生まれ出る奇跡が強調されている。それゆえ、この作品（図40、画面の向って左端）の天部の仕種（右手の天衣は頭上に高く翻っている）はまさにそれに驚愕賛嘆している観念を表している。そしてその挿話に続く「七歩行」でも、太子が生まれるや否や直ちに地上に立って獅子吼《ししく》したという超人的な奇蹟が述べられているが、それをも含んだ「誕生・七歩行図浮彫り」では、画面の向かって左の上段端に、左手を口に当て、右手で天衣を高く掲げている男子の上半身が描写されている。

このように右手で天衣を持ち（天衣は風に吹かれて高く翻る）、左手を口に当てる仕種が

図40　誕生図浮彫り（2〜3世紀、フリーア美術館、ワシントン）

古代インドの驚愕賛嘆を表す典型的な仕種であったことは、バールフットの浮彫り（前二〜前一世紀、インド博物館蔵）が証明している。この浮彫りの主題は画面中央のチェーティア（祠）の屋根に刻まれたブラフミー文字に「釈迦牟尼仏陀の菩提《ぼだい》」と記されているので、「降魔成道」であることがわかる。釈迦牟尼の素晴らしい偉業・奇跡に驚愕し賛嘆している天部が二人、その菩提樹の左右に描写されているが、両者とも、左手を口に当て、右手で天衣を高く掲げていることがわかる。このような例に従えば、ギメ美術館の「出家踰城図浮彫り」（図31）、フリーア美術館の誕生図浮彫り（図40）、舎利運搬図浮彫りなどに描写された同種の男子像は「驚愕賛嘆」を意味していることが一目瞭然であろう。

かくして、ガンダーラの出家踰城図浮彫りの真意は太子の出家を驚愕賛嘆することにあったことが判明し、決して魔王マーラと太子の出家をめぐる攻防ではなかったことが証明されよう。そして、その結果、太子と馬を先導している弓（矢）を持った人物が魔王マーラではなく、四天王の一人毘沙門天であることも間接的に裏付けられることになるであろう。

以上が筆者の「毘沙門天説」の骨子であるが、まだ、弓矢の意味論が残っているので、次にそれに簡単に触れておこう。

毘沙門天の弓矢の意味

ヤクシャたちの武器

ガンダーラの仏教彫刻に描写された梵天《ぼんてん》や帝釈天《たいしゃくてん》、その他の天部は、帝釈天がしばしば金剛杵《こんごうしょ》を持つ以外には原則として武器を持っていない。また、サンスクリット本にせよ漢訳本にせよ出家踰城品に記された四天王は武器を一切持っていない。さらに出家踰城品では四天王の多数の眷属《けんぞく》も述べられているが、毘沙門天の眷属のヤクシャを除き、他の三人の天王の眷属たちは一切武器を持っていない。それゆえ、毘沙門天像《びしゃもんてん》が持つ弓矢は、その眷属の武器を代表している可能性もあろう。あるいは出家踰城図浮彫りの武人像が、武器を所有するヤクシャの首領（クヴェーラ＝毘沙門天）であることを明示するために、弓（矢）が用いられた可能性も否定はできないであろう。このようなわけで、出家踰城品《しゅっけゆじょうぼん》に記されている、毘沙門天（クヴェーラ）の配下のヤクシャたちの武器についてまず見てみよう。

『普曜経《ふようきょう》』巻第四出家品には「北方毘沙門天は無数億千百のヤクシャとともにやってきたが、ヤクシャの手には焔光、明珠があって威燿晃晃《いようこうこう》としている。そして身体を甲冑で覆っている」と記されている（大正新脩大蔵経第三巻、五〇六ページ下）。『方広大荘厳経《ほうこうだいしょうごんきょう》』巻第六出家品では、「北方毘沙門天はヤクシャの首領であるが、主従が北からやって来た。毘沙門天は無量百千の大ヤクシャ衆を率いている。ヤクシャたちは手に、棒、宝珠を持っているが、その光の照らす明るさは世間の百千の灯籠《とうろう》や松明《たいまつ》を凌《しの》ぐ。体には鎧甲《よろいかぶと》をつけ、手には弓、刀、矛《ほこ》、戟《げき》、干戈《かんか》、槊《さく》（ほこ）、叉《やす》、弩弓《どきゅう》を持っている」と記されている（大正新脩大蔵経第三巻、五七四ページ中）。

『仏本行集経《ぶつほんぎょうじゅっきょう》』巻第十六捨宮出家品では、「その時毘沙門天王、その配下のヤクシャなどの一切の眷属、その数百千万が太子の前後に従い道を導いた。ヤクシャたちは手に火珠、あるいは灯燭《とうしょく》を持ち、あるいは火炬《たいまつ》を持っていたが、火は盛んに燃えていた。かれらはあるいは鎧甲を着ており、あるいは弓、刀、箭《や》、槊、器《うつわ》、仗《じょう》、および鉾や戟などを手にしていた」と記されている（大正新脩大蔵経第三巻、七二九ページ下）。

サンスクリット本『ラリタヴィスタラ』の第一五章（出家品）には、「北方の大王クヴェーラ（毘沙門天）は数百万のヤクシャとともにやって来たが、ヤクシャたちは手に、金剛石、真珠、宝石、および火が燃えている松明を持っていた。また、手に弓と矢、長い槍、短い槍、投げ槍、二叉ないし三叉の戟、円板などありとあらゆる種類の武器を持ち、丈夫な鎧を着ていた」と記している（P.E. de Foucaux, *op.cit.*, 1884, p.192. 溝口訳、一九七ページ）。

弓矢は武器か

このように、毘沙門天配下のヤクシャたちの武器の中には、明らかに弓（矢）が含まれているので、毘沙門天の弓矢はそれに関係しているかもしれないといえよう。しかしながら、夜道の護衛者の武器としては弓矢は相応《ふさわ》しいとはいえない。むしろ、剣や槍のほうが適切であろう。事実、クシャン族ないし他のイラン系民族（サカ族）が、宮廷などのガードとして雇われていたことを明示する彫刻が、南インドのアマラーヴァティーや中インドのマトゥラーなどから発見されているが、かれらは一様に槍を持っており弓矢は携帯していないのである。それゆえ、弓矢が当時、護衛者の武器として適切であったとは思えないのである。また、毘沙門天は天部であるから、人間のように武器がなくとも外敵に打ち勝つことが容易にできるとも考えられる。それゆえ、武器は必ずしも必要ではなかったといえよう。事実、まったく武器を携行しない毘沙門天が太子と馬を先導している場面を描いた出家踰城図浮彫りが存在するのである。それはアフガニスタン北部のクンドゥーズの町の近くで発見されたといわれる石灰岩製仏伝浮彫りであるが、頭に一対の鳥翼をつけ、鎧を着た毘沙門天が馬の前方に描写されている（K. Fischer, "Gandhara Sculpture from Kunduz and environs", *Aribus Asiae*, Vol.21, 1958, fig.4. 樋口隆康「西域仏教美術におけるオクサス流派」『仏教芸術』第七一号、一九六九年、第三図）。この作品はガンダーラで制作されたのではないので、その図柄をガンダーラの出家踰城図浮彫りに全面的に当てはめて推測するのは少し乱暴かもしれないが、少なくとも、アフガニスタン北部（バクトリア）では、出家踰城における毘沙門天は武器（弓矢）を携帯していないという解釈が存在したことは否定できないであろう。

つまり、ガンダーラの出家踰城図浮彫りに描写された毘沙門天の持つ弓矢には、武器以外のもっと重要な用途・意味があったのではないかということである。この筆者の推論は、古代インドにおける弓矢の象徴性を参照すると、その可否が明白になる。

古代インドの弓矢

古代インドにおいて弓（iṣu）が重要であったことは、多数の弓射書（dhanurveda）が著されていることからも窺えるが、『リグ・ヴェーダ』などでは、弓矢は暴風雨を司るルドラ神、アグニ神（火神）、狩人、弓射手、復讐の神といわれるクリシャーヌ神やシャルヴァ神などの神々の属性を象徴している。

古代インドの弓矢の象徴的意義に関しては、A・K・クーマラスワミーがすでに研究しているので、それを参照すると、矢（dhanva）は火神アグニと同一視されたり、弓射手は「声の主」であり、「神の力」や「王の力」を象徴したという（A. K. Coomaraswamy, "Symbolism of Archery", *Ars Islamica*, Vol.10, 1943, pp.107–110）。また、弓を射る儀式はラージャスーヤという国王の即位式やアシュヴァメーダ（馬の犠牲祭）の儀式に取り入れられたが、J・オーボワイエによれば、三本の矢と一つの弓が国王に与えられた場合には、国王に三つの王国（大地、中空、上空）の支配権が授与されたことを意味するといわれる（『シャタパタ・ブラーフマナ』第五巻、第三章、五、二七行など）。そして、四本の矢が国王に与えられた場合には、東西南北の四方世界（全地球）を征服ないし支配することを意味したという（『シャタパタ・ブラーフマナ』第五巻、第三章、五、三〇行。J. Auboyer, *La vie publique et privée dans l'Inde ancienne*, Paris, 1955, p.14）。

しかし、最も興味深い弓矢の象徴性は「闇夜を追い払う」という神秘的な力であろう。このような見解は、マウリヤ朝の首都があったパータリプトラ（現パトナ）や仏教の聖地ボードガヤーから出土した太陽神スールヤの図像から判明している。スールヤには多くの妃がいるが、特に暁紅の女神ウシャー（ウシャス、ローマのアウローラ女神に相当）と薄暮の女神プラティウシャーないしサムドゥヤー（ラテン語の薄明＝crepusculum に相当）が本章にとっては重要である。この二人の女神はすでに挙げたボードガヤーの浮彫り（図39）に描写されている。彼女たちは戦車に乗ったスールヤの左右に配されているが、おのおのは矢をつがえた弓を引き絞り、暗黒を擬人化した悪魔を射殺しようとしている。

彼女たちが用いている矢は、インドの二大叙事詩の一つ『ラーマーヤナ』において、「火矢」とか「眩《まぶ》しい矢」と記されているもので、火と太陽光線の象徴であった。また、ウシャー女神はすでに『リグ・ヴェーダ』讃歌にも登場しているが、その讃歌のいくつかでは、この女神は「暗黒を取り除く」あるいは「光明を創造する」と形容されているのである（辻直四郎訳『リグ・ヴェーダ』筑摩書房、一九六七年、五七～六一ページ）。このようにウシャー女神の本質は光線であったから、光の女神というに相応しい。おそらく、弓から放たれた矢が大気中を光のように素早く突き進む現象や、火矢が闇夜を突き刺すように飛んでいく現象が、暗闇に一筋の光線が走る現象に似ているところから、古代インドでは弓矢が「漆黒の闇を引き裂いて光明をもたらす」ものとみなされ、それが弓矢の象徴的意味となったのであろう。また、クシャン族の宗教に類似するゾロアスター教においても、まったく同じような職能を有するウシャー女神（Ushah）が存在することはいうまでもない（L.H. Gray, "Foundations of the Iranian Religions", *The Journal of the K.R. Cama Oriental Institute*, No.15, 1929, p.164）。

照明具としての弓矢

このような古代インドにおける弓矢の象徴性と比較してみると、出家踰城図浮彫りにおいて毘沙門天（クヴェーラ）が手にする弓（矢）は、武器としてよりもむしろ、「闇夜を引き裂いて光明をもたらす」現代の懐中電灯などに匹敵するものとみなしたほうが妥当に思えるのである。

このような筆者の推定は次にあげる東南アジア美術の出家踰城図を参照すれば、決して荒唐無稽とはいいがたいであろう。N・J・クロムによれば、ビルマ（現ミャンマー）のパガンにあった「出家踰城図」では、空中を飛行している太子とカンタカを先導する二人の天部（梵天と帝釈天？）は松明《たいまつ》を持った姿で描写されているという（N. J. Krom (ed.), *Barabudur, Archaeological Description*, Den Haag, 1927, Vol.I, p.172）。残念ながらN・J・クロムの報告書には図版が掲載されていないので、筆者には確認できなかった。さらに、一七世紀にタイで描かれた「出家踰城図」（パリ、ギメ美術館蔵）では、馬を先導する帝釈天（?）が左手で、カンテラのようなものを頂きにつけた細長い杖を手にしている。これらの図はいずれも南伝パーリ本（ただし北伝でも用いられていたサンスクリット本『ラリタヴィスタラ』は使用されていた）によって描かれていると思われるが、夜道は暗いから、道案内人には松明やカンテラのような照明器具が必要であると作者が考えたのも無理はなかろう。このように照明器具の必要性は、上述した北伝の漢訳出家品や『ラリタヴィスタラ』の出家品にも、毘沙門天配下のヤクシャたちが松明や光を放つ珠を持っていると記されているから裏付けられよう（ただし、敦煌の第二七八、三九七窟〔隋〕や三二九、三七五窟〔唐〕に残る出家踰城図には馬の足を支え、空中を飛行するヤクシャは描写されているが、弓矢や照明器具を持った先導者は描写されてはいない。段文傑ほか『中国壁画全集』第一七巻、敦煌〔隋〕、天津、一九九一年、図版一三四、一八三、敦煌五、同、一九八九年、図版四、八〇参照）。

つまり、筆者がいいたいのは、毘沙門天が持っている弓矢には「放光」の意味が込められていたということである。決して単なる武器ではなかろう。このような光明の観念が込められていたからこそ、ガンダーラの彫刻家が、毘沙門天配下のヤクシャたちが持つ多種多様の武器の中から弓矢を選択し、道案内の毘沙門天（クヴェーラ）に持たせたというのが筆者の結論である。このような弓矢の「放光」と太子の正面観描写の「放光」を出家踰

図41　出家踰城図浮彫り（図31のコンピュータによる作図、堀晄氏作成）

城図浮彫りの中に導入するとすれば、たとえば図31の作品は次の図41のように改変できるであろう。これはコンピューターを用いて作図したものであるが、太子の身体の周囲と毘沙門天の右手の矢の周りを比較的明るくし、その他の部分が比較的暗く見えるように変化せしめたものである。むろん、出家品の記述によれば、太子の放つ光は無限であるから周囲一面を真昼のように明るくしていたであろう。そして夜の女神の胸像はその光景が真夜中のものであることをささやかながら暗示していたにすぎないとも解釈できよう。しかしながら、この挿話を彫刻とか絵画として造形する者の立場に立てば、やはり太子と矢の周りだけを明るく他の部分を暗くして明暗を対比する造形をしたと思う。筆者は図41のように図31の浮彫りを創造力豊かに鑑賞するのが正しいと確信している。

以上、前章と本章において、筆者の「毘沙門天説」および「出家踰城図浮彫り」の新解釈を述べたわけであるが、これにより、従来の定説「魔王マーラ説」および新説「帝釈天説」がともに間違いであることが理解されたと思う。そして、ガンダーラの出家踰城図浮彫りに描写された毘沙門天像が弓矢という武器を手にした「武将姿」で描写されているから、それこそが中国やわが国の武将姿の毘沙門天（兜跋《とばつ》毘沙門天）像（図1、2）の真の起源であったことも証明できたと思う。

ガンダーラの毘沙門天像の限界

ただし、ここで強調しておきたいことは、ガンダーラにおいては毘沙門天像は仏伝浮彫りの中だけに描写され、単独の大型の礼拝像としては制作されなかった蓋然性が大きいことである。ガンダーラの仏教彫刻では弓を持った単独の男子小像が若干知られ、しばしばそれは鳥（鶏）を抱えているが、それは毘沙門天ではなくヒンドゥー教の神カールティケーヤ（韋駄天《いだてん》）を描写したものである。また、両手で何か供養するもの（龕《がん》）を持ったクシャン族の貴人ないし王侯を表した等身大の単独像も若干知られている。そのクシャン風の衣服は毘沙門天のそれに似ているので、あるいは毘沙門天を表している可能性もないわけではないが、残念ながら頭部が欠損しているので、鳥翼があったか否か確認できない。

このようなわけで、ガンダーラでは毘沙門天は四天王の首領格にまで格上げされ、太子を単独で道案内するに至ったが、仏教徒の礼拝の対象にまではならなかった。そして、後世、中央アジア、中国、日本などでは毘沙門天が仏法と国家を守護する護世天王あるいは福の神として四天王の中では特別視されたが、そのようなこともガンダーラの仏伝浮彫りに描写された毘沙門天像には見られない。そのような役割が強調されるようになったのは六〜七世紀ころの中央アジアや中国であったと思われる。

このような毘沙門天の職能の変化は、また図像における武器の変化に対応していよう。すなわち、中国や日本の毘沙門天像では弓矢に代わって槍（戟）が用いられるようになった。その理由の一つとして、東アジアや中央アジアにおいて軍隊の主力が弓矢にたよる軽騎兵から、甲冑をつけ長槍（戟）を構え、両足を鉄製の鐙《あぶみ》で支える重装騎兵へと移行したことが挙げられよう。つまり、弓矢はもはや武将のもつべき武器とはみなされなかったので、武将姿の毘沙門天の手から消失したのであろう。

多聞天という別称について

別称多聞天説への疑問

ヴァイシュラヴァナ＝多聞天説への疑問

すでに本書の冒頭で述べたように、毘沙門天《びしゃもんてん》は多聞天《たもんてん》ともいわれている。毘沙門天と多聞天の相違はサンスクリット語のヴァイシュラヴァナ（Vaiśravaṇa）の音訳と意訳の差異でしかないことも述べた。そして、ヴァイシュラヴァナという言葉は、「広く」とか「多く」とか「あまねく」を意味するヴァイ（vai）と、聞くという意味の動詞語根シュリー（śrī）から派生した名詞のシュラヴァ（śrava）に接尾語のナ（ṇa）を付けた言葉が結合してできたものであるから、原意は「あまねく（多く、広く）聞いた人あるいは聞かれた人」である。それゆえ、ヴァイシュラヴァナを漢訳した「多聞天」という名称は言語学的にはまったく正しい訳語で非の打ちどころがない。

しかし、この「広く多く聞かれた」あるいは「広く多く聞いた」という語句はあまりにも抽象的すぎて、どのような点で「広く多く聞かれた、あるいは聞いた」のか理解に苦しむ。そこで古《いにしえ》の中国やわが国の僧侶は、『阿娑縛抄《あさばしょう》』巻第百三十六に「玄賛要集にいう。毘沙門はこれを多聞という。常に仏陀（＝釈迦牟尼）とともに在って道場を守護せり。常に仏陀のいうことを聞いていたから多聞なのである」（大正新脩大蔵経図像部第九巻、四一七ページ上）と説明されているように解釈をしたのであろう。つまり、毘沙門天はいつも釈迦牟尼仏陀《しゃかむにぶつだ》の側にいてその説法を多く聴聞していたから、説法を多く聞いたという意味で「多聞天」といわれるようになったというのである。このような解釈が現在まで通説化し、それが現在書店や図書館にある仏教辞典などに一様に記されているのである。

はたして、このような解説は正しいのであろうか？　筆者には、このような一見もっともらしく見える通説は、毘沙門天の最古の像や、毘沙門天がどのようにして誕生したかということを知らなかった、中国やわが国の僧侶、近現代の内外の仏教学者が「苦し紛れに」なした「こじつけ」以外のなにものでもないように見える。少なくとも釈迦牟尼の伝記を始めから終わりまで読んでいけば、多聞天にせよ毘沙門天にせよ釈迦牟尼仏陀の説法を聴いたことは一度もなかったことがわかる。毘沙門天が釈迦牟尼仏陀と直接接触したのは、「出家踰城《しゅっけゆじょう》」と「四天王捧鉢《ぼうはち》」のエピソードでしかない。そして、いずれの機会にも毘沙門天は釈迦牟尼仏陀の説法を聴いてはいないのである。このように毘沙門天と釈迦牟尼仏陀の疎遠な関係はガンダーラの仏伝浮彫りにおいても同様である。だから、多聞天はその名前とは異なり、むしろ、釈迦牟尼仏陀の説法を一度たりとも聴講していない「不肖の仏弟子」に等しい「少聞天」であったのである。つまり、多聞天の「多聞」なる二文字は仏教、少なくとも釈迦牟尼仏陀の説法とは無縁であったことは明らかである。

さらに、釈迦牟尼仏陀の説法を誰よりも多く聴聞する機会があったのは、ガンダーラの仏伝浮彫り全体からみれば、釈迦牟尼のボディー・ガード的な役割を演じている執金剛《しゅうこんごう》神《じん》である。このような事実からも、多聞天の「多聞」が釈迦牟尼仏陀の説法と関係が希薄であったことが間接的に証明されるのである。

結局、仏教界や仏教学会において伝統的に認められてきた多聞天の語義は、学術的な根拠がないに等しい、まったく胡散臭《うさんくさ》い「こじつけ紛《まが》い」のものでしかなかったといっても過言ではなかろう。むろん、このような謬見《びゅうけん》も、ガンダーラで創造された最古の毘沙門天像がまだ誰にも知られていなかった時には粗悪な代用品として許されたかもしれないが、筆者が本書で解明したように、毘沙門天像はすでにクシャン朝時代には存在していたのであるから、それを参照して、この間違った通説を打破し、もっと妥当性に富む新解釈を提示すべき時が来たように思う。以下において、この多聞天という名称に関する筆者の推論を述べ、仏教学者のご叱正《しっせい》を仰ぎたい。

多聞とゾロアスター教

この問題に対する筆者の切り口は、最古の毘沙門天像がイラン系クシャン族（ゾロアスター教徒）が信奉していたファッロー神に由来するという歴史的事実にある。つまり、サンスクリット語のヴァイシュラヴァナという語源より以前に多聞天の本質が実在していたのである。だから、それを追求し解明しなければ多聞天（毘沙門天）の名前の由来はわからないということになる。

実は、このように、多聞天の本質をインド人とかインド文化ではなく中央アジアのイラン系民族に関係づける視点はすでに述べたように宮崎市定氏が提唱したことがあった。同氏はその論考「毘沙門天信仰の東漸に就て」において、多聞天の多聞なる言葉はゾロアスター教の契約の神ミスラの形容句「千の耳を有する者」に由来すると結論している（『京都大学文学部史学科、紀元二千六百年記念史学論集』一九四一年初出、『アジア史研究』同朋舎、一九七四年に採録、三一八〜三一九ページ参照）。同氏は「ミスラ神は千の耳を有する者」であるから「多く広く聞くことができるはずだ」と考えて、ミスラ神と多聞天を同一視したのであろう。この論文はわが国の仏教学者や仏教美術史学者からはほぼ黙殺されたようであるが、事実、ミスラ神と多聞天を結びつける見解には無理がある。というのは、ゾロアスター教のミスラ神は仏教では多聞天ではなく弥勒菩薩《みろくぼさつ》と関係が深いからである。

ミスラ神はクシャン族の間では、ミイロ、ミウロ、メイロなどと呼ばれたが、その図像（クシャン朝のコイン裏面に刻印されている）は毘沙門天（多聞天）像とはほとんど共通点がない。また、ミスラ＝ミイロ神はインドではミトラといわれ太陽神と習合したが、それはマイトレーヤ（Maitreya＝弥勒菩薩）のプラークリット語のメートラーゴー（Metrago）に言語学的に関係深いのである。このようなわけで、宮崎市定氏の「ミスラ＝多聞天説」は根本的に間違っているが、ただし、同氏が多聞天（ヴァイシュラヴァナ）の語源はサンスクリット語ではなく、中央アジアのイラン語方言（ホータン地方の言語）に由来すると推定しているのは、卓見であったと筆者は思う。むろん、同氏が想定していたホータン地方の言語というのは間違いであるが、少なくともサンスクリット語起源ではないと喝破したのは肯定的に考える価値があると思う。

この宮崎市定氏の先駆的な労作に敬意を表し、以下において「ヴァイシュラヴァナ」の語源について推論を披瀝《ひれき》してみたい。筆者の推論は二つあるが、いずれもファッロー神と「ヴァイシュラヴァナ」という名称を結びつける点においては変わりない。このような視点は、最古の毘沙門天＝多聞天像がファッロー神に似た像容をしているから妥当であると思う。

カニシュカ王とファッロー神

まず多聞天の「多聞」という二語とファッロー神との関係について考察してみよう。「多聞」は「多く広く聞かれた」と解釈されているが、これは簡単にいえば「有名」、「著名」、「人口に膾炙《かいしゃ》した」などに等しく、毘沙門天が多くの人々に知られていたことを意味しよう。ではファッロー神ははたして当時（クシャン朝ないしそれ以後）それほど有名であったのであろうか？　その事実を確認するには、クシャン朝時代の史料が必要になるのであるが、残念ながら、クシャン朝に関する史料はきわめて乏しい。また、乏しい史料の中にファッロー神が言及されているのはさらに少ない。

最近、アフガニスタン北部のラバータク（Rabatak）において、ギリシア文字・バクトリア語で記されたカニシュカ一世の碑文が発見された。それを解読したN・シムス・ウィリアムスによると、カニシュカ一世は「ナナー女神をはじめ多数の神々から王位を授与された」と述べている（N. Sims-Williams, "A New Bactrian Inscription of Kanishka the Great", *Silk Road Art and Archaeology*, Vol.4, 1995/96, p.78)。この多数の神々の名として は、インド系のマハーセーナ神、ヴィシャーカ神、インド系ないしイラン系のウンマ女神（Omma)、イラン系のアフラマズダ神、マズドゥァノー神、スロシャルド（スラオシャ）神、ナラシャ神、ミスラ神が挙げられている。これらの神名は必ずしもカニシュカ一世が信仰したものではなく、このラバータク地方の人々が信仰していたものをそのまま採用したことも考えられる。というのは、カニシュカ一世が国王になって最初に発行した金貨には、ここに挙げられていないゾロアスター教の五人の神――太陽（ヘーリオス）、月（セレーネー）、火（ヘーパイストス）、風（アネモス）、風（ヘーラクレース）――が刻印されているからである。ただし、王権神授を司るナナー女神については、カニシュカ一世の最初の金貨にも刻印されているので問題はない。また、ヘーリオス神はラバータクの碑文に挙げられているミスラ（ミイロ）神に相当する。

このようにカニシュカ一世の碑文の神名と最初の金貨（おそらくバクトリアで発行）の神名との間に共通性が乏しいので、ナナー女神とミスラ神を除き、ラバータク碑文の神々とカニシュカ一世との関係を額面通りに受け取れないという問題は確かにある。

クシャン朝に限らず、国王たちがコインの裏面に神々の像を刻印するのは当然、王家ないし国王個人の宗教的イデオロギーに由来する。たとえばカニシュカ一世は、釈迦牟尼仏陀と弥勒仏陀の肖像をコイン（金貨と銅貨）に刻印している。これだけを見るとカニシュカ一世が仏教に帰依したように見えるが、しかし、事実はそうではなく、クシャン帝国内の仏教徒の支持を得るために政治的配慮から採用したにすぎない（国王は本来、ゾロアスター教に近い宗教の信者でそれは終生変化しなかった）。それゆえ、クシャン朝のコインにはむろん、国王自身の信仰も反映するが、それ以外に当時の国内の宗教事情も反映しているとみなさねばならない。クシャン朝の国王が採用した神々の中にファッロー神も含まれていたことは、カニシュカ一世とフヴィシュカ王が発行した金貨の中にファッロー神の立像（図9、10、12、13）が刻印されていることから判明している。

しかしながら、同王が発行した最初の六種類の金貨にはファッロー神はまったく関係していないので、カニシュカ一世は本来ファッロー神に対して格別の信仰を持っていなかったことが予想される。これは、カニシュカ一世が後に発行したコインに刻印されたファッロー神のタイプが一種類（図10）しかなかった事実に符合しよう。つまり、カニシュカ一世の時代にはファッロー神はそれほど有名でなかったので、カニシュカ一世はゾロアスター教の神の一人として儀礼的に刻印したにすぎなかったように見える。問題のラバータクの碑文には「ファッロー」という文字が、ウンマ女神の前に記されているが、シムス・ウィリアムスは、神名ではなくこの女神の形容句（栄光に輝く）とみなしている。

これに対して、B・ムケルジーは神名とみなし、関係箇所を「ファッロー神とウンマー女神」と訳出している（B. Mukherjee, "The Great Kushâna Testament", Indian Museum Bulletin, 1995, pp.16–17）。

このように、この碑文の「ファッロー」という字句の解釈には異論があり、筆者にはいずれが妥当か断定はできかねるが、総合的に考えると、カニシュカ一世とファッロー神との関係は希薄であったように思われる。

フヴィシュカ王とファッロー神

一方、カニシュカ一世から王位を継承したフヴィシュカ王は、ファッロー神を多数コインに刻印し、そのタイプは八ないし一一に及んでいる（図9、10、13）。これは、フヴィシュカ王の時代にファッロー神を裏面に刻印した金貨がきわめて多数発行されたことを物語る。その結果、ファッロー神は多くの人々の間で信仰され爆発的に有名になったことが予想されるのである。

なぜ、フヴィシュカ王の時代にファッロー神が突然有名になったのであろうか？　筆者の推論によれば、それは当時、今でいう「右肩上がりの経済」であったからである。わが国がかつて経験した「所得倍増の経済」から「バブル経済」への発展を想起していただければよい。クシャン帝国はローマ帝国との海上貿易をはじめ周辺諸国との交易によって未曾有の経済的発展を遂げ、物欲が当時の人々の心を支配したと思えばよかろう。フヴィシュカ王の時代にローマの文化がカニシュカ一世時代よりもはるかに幅広くクシャン帝国に流入したことは、フヴィシュカ王のコインに再びギリシア語名の神（例―クシャン語名のウェーショーからヘーラクレースへと変化）が復活し、ローマ領エジプトの神セラピスが刻印されていることからも裏付けられる。

おそらく、金、富、名声などあらゆる物質的な利益の追求が徳とみなされた時代だからこそ、それらを司る福の神ファッロー神が爆発的な人気を呼んだのであろう。その結果、ファッロー神は有名となり、フヴィシュカ王も無視できないほど「有名な神」となったのであろう。あるいはフヴィシュカ王自身がファッロー神の熱烈な信者となったことも考えられよう。いずれにせよ、仏教ではこの神をインド系クヴェーラ神に代えて取り入れ、クシャン族などイラン系民族の故地たる北方の守護神とし、四天王の筆頭としたと推定されよう。

その間の事情は四天王の序列において、北方の毘沙門天が東の持国天に代わって主座を占めるにいたった事実に反映している。『金光明最勝王経疏《こんこうみょうさいしょうおうきょうしょ》』巻第五の「四天王観察人《にん》天品《でんぽん》」第十一には、「初め四名を記す。持国・増長・広目・多聞は次のごとく東南西北を典領す。（中略）今この先列は多聞王者なり。その深い信を以て勝名《しょうみょう》有るが故なり」（大正新脩大蔵経第三九巻、二八六ページ下）。ここでは、多聞天の仏教に対する信仰が深いので有名になったと解説されているが、これが事実ではないことはすでに述べた。そうではなく、多聞天の原型たるファッロー神が有名であったから、四天王の先頭に記されるような地位を得たのである。

かくして、ファッロー神が仏教に取り入れられる素地は整ったが、しかし、ファッロー神の本質たる職能「金、財貨、富を司る」は仏教の理想と教理にとってはあまりにも相応《ふさわ》しくないので、その名前を直接採用するのはやめて、その形容句の「有名な」という言葉をファッロー神の名称（Vaiśravaṇa ＝多聞）としたのではなかろうか。これが筆者の推論の一つの結論である。

また、フヴィシュカ王の時代にファッロー信仰が急激に高まったことは、ガンダーラの仏伝浮彫りにイラン系毘沙門天像が登場したのが同王の時代およびそれ以降のことであった事実を間接的に裏付けていよう。

言語学からみた多聞天

多聞＝有名説

もう一つの推論は、ヴァイシュラヴァナの言語的な考察である。「Vaiśravaṇa」というサンスクリット語はすでに述べたように「vai」と「śrava（ṇa）」に分割できる。「vai」は「vi」とも記されるが、接頭語で「普通ではない」とか「区別される」のような意味を持っている。「śrava」は動詞語根「√śru＝聞く」から派生したとみなせる。それゆえ、「Vaiśrava」は「vi√śru＝はっきりと聞く」に還元できよう。「vi√śru」の受動態現在形は「viśruyate」で、「遠方まで広く聞かれる」を原義とするが、転化して「あまねく知られる」とか「有名である」という意味になる。また、その過去分詞は「viśruta」で、「遠方まで広く聞かれた」、「有名な」という意味になる。

「ṇa（ṇa）」は人とか物を意味する接尾語であるから、特に問題はない。このようなわけで、「Vaiśravaṇa」は、「非常に有名な者」とか「天下にあまねく知られた者」という意味になるのである。

しかしながら、このような解釈では、上述したファッロー神の職能や本質がまったく欠落しているのである。すなわち、「Vaiśravaṇa」の語源を動詞語根の「vi√śru」に由来せしめることが間違っているのではないかと思われるのである。それゆえ、別の観点から「Vaiśravaṇa」の動詞語根を考えてみなければならない。筆者が発見できた動詞語根は「vi√śrī」である。このほか、「vi√śra」にも還元できるが、この動詞語根の意味は「多くあるいは素晴らしい料理を作る」であるから、多聞天（毘沙門天）の職能には関係しない。それゆえ、残る「vi√śrī」について考察することにする。

多聞＝光輝・吉祥説

「vi√śrī」は、「√śrī」が「光を放つ」とか「光を混合する」という意味を有するから、「vi√śrī」から派生した名詞は「viśravaṇa」、すなわち「多くの光を放つもの」とか「普く光を放つもの」という意味になろう。また、名詞の「śrī」が「光輝」とか「栄光」とか「威光」を意味するから、「vi√śrī」はファッロー神の特質（光明）にきわめて類似していることが判明する。

このような語根動詞から派生した名詞が「Viśravaṇa ＝ Vaiśravaṇa」とすれば、「ヴァイシュラヴァナ（毘沙門天）」の意味は、「多くあまねく光を放つ者」ということになろう（前述一五九〜一六〇ページの光明に関する部分を参照）。むろん、光には「豊穣、富」の観念が含まれていることはいうまでもないから、「格別多くの富を授与する者」とか「格別多くの富や栄光、幸運を授ける者」という意味にもなろう。これはまさに、ファッロー神、アヴェスタの「福の神」フウァルナーの特質にほかならないのである。

問題ははたして、「√śrī」の「śrī」が「śrava」に変化したかという点にある。「śrī」から派生した名詞に「śravasya」（高名、栄光、名声、偉業）があるが、この名詞は「śrī」に接尾語の「vasyas」（さらに豊富な、さらに良い）が付け加えられて合成された。それゆえ、「śrī」が「śrava」に変化した可能性があったことがわかる。とすれば、「vi√śrī」から「Viśravaṇa ＝ Vaiśravaṇa」が派生した可能性があることも理解できよう。このような結論は、毘沙門天＝多聞天がイラン系の豊穣の神ファッローの像容でもって擬人化された事実に見事に符合するのである。

もし、この結論が正鵠《せいこく》を射ていれば、毘沙門天の原義が決して「釈迦牟尼仏陀の説法を多く聴聞した」ということではなく、「多くの富や名声を授ける者」ということになり、その名称も、「多富天」とか「多財天」「多祥天」というようなものが適当であろう。以上に述べた二つの仮説を総合すれば、毘沙門天はフヴィシュカ王の時代に福の神ファッローがその特性（吉祥・光輝）ゆえに急速に「有名」になり、そこから「有名＝多聞」というまったく不適当な名称が生まれたということになろう。

多聞天への決別

このような結論がガンダーラの歴史・文化・美術を総合的に考えれば、最も合理的であるが、ただし、言語学的には問題が残る。それは、「$\sqrt{\text{śrī}}$」に類似する形式の動詞語根（ri（ī）を含む）の「$\sqrt{\text{ri}}$＝流れる」や「$\sqrt{\text{krī}}$＝買う」の「ri」や「rī」はそれぞれ「raya」と「kraya」に変化し、「rava」とか「krava」には変化していないのである。それゆえ、「$\sqrt{\text{śrī}}$」が変化したとしたら、「srava」ではなく「sraya」に変化したのではないかと考えられるのである。とすれば、「vi $\sqrt{\text{śrī}}$」から「viśravaṇa＝vaiśravaṇa」が直接に派生したという筆者の仮定は論拠を失ってしまうことになろう。

このように、筆者の二つの仮説には問題点があるのは承知している。しかしながら、筆者の二つの仮説のほうがはるかに、多聞天の「多聞」に関する伝統的、通説的な解釈よりも理にかなっていることは明白である。いかに「Vaiśravaṇa」が多聞天に語源学的および文献学的に一致しようとも、それ以上の学術的価値はない。「Vaiśravaṇa」なる言葉が秘蔵しているはるかに深遠な本質を洞察するには、これまでの文献学・語源学はまったく無力なのである。それゆえ、確たる反証があるまで、筆者は自分の新説、すなわち多聞天の「多聞」なる言葉はファッロー神の形容句に由来し、毘沙門天の本質をまったく意味していないので、使用すべきではないという見解を堅持していきたい。少なくとも、多聞天の「多聞」の意味は「釈迦牟尼仏陀の説法を多く聴聞した」ことに由来するなどと解説するような愚行は金輪際避ける所存である。釈迦牟尼仏陀の説法を最も多く聴聞したのは仏弟子のアーナンダないしその化身ともいわれる執金剛神《しゅうこんごうじん》なのであって、決して毘沙門天ではないのである。

ガンダーラは中央アジアの一角

毘沙門天は北方仏教の申し子

以上の各章において、毘沙門天《びしゃもんてん》像に関する筆者の最新の研究成果の骨子を述べたが、はじめに述べたように毘沙門天像が、ギリシアのヘルメース神やローマのメルクリウス神の図像、クシャン族のファッロー神の図像、インドの王侯・ヤクシャ像の図像という三つの要素が融合してはじめて誕生した経緯が明らかになったと思う。特にこのような三要素が融合するにふさわしい場所がガンダーラであり、また、毘沙門天が北方の守護神であったというのも、インドではなくガンダーラをはじめとする中央アジアにおいて毘沙門天信仰が盛んになり、その像が多産された原因の一つであったといえよう。というのは、これらの地はまさにインドから見れば北方であったからである。逆に南方のインドでは毘沙門天信仰は影も形もないのである。ガンダーラやアフガニスタン、中央アジアに住んでいた人々、あるいは中央アジアからガンダーラに移住した民族は仏教に改宗した時、北方の守護を司る天王（クヴェーラ）に格別の愛着を感じたのであろう。その結果、クヴェーラをファッロー神と同一視し、それをヘルメース神ないしメルクリウス神の姿を借りて表現したのが、「出家踰城図《しゅっけゆじょうず》」や「四天王捧鉢《ぼうばち》」などの仏伝図浮彫りにはじめて登場した「道案内人」ないし「四天王の先導者」たる毘沙門天像であったのである。

ただし、このようなクシャン朝時代の毘沙門天像は、四天王の代表者、首領という地位にまでは祭り上げられたが、結局最後まで仏伝図浮彫りという物語の枠の中に閉じ込められ、物語の脇役の地位に甘んじていた。決して釈迦牟尼仏陀《しゃかむにぶつだ》、弥勒菩薩《みろくぼさつ》のような主人公、単独の礼拝像の地位にまで出世することはなかったのである。毘沙門天像が、四天王の観念から独立し、護世天王として独り立ちし、釈迦牟尼仏陀、弥勒菩薩などのように仏教徒の格別の尊崇をうけて単独の礼拝像の地位をえたのは、クシャン朝時代の後、おそらく五～六世紀であったとみなすのが肝要であろう（上述二一頁のナレーンドラヤシャスの見聞参照）。

このように地位が向上した理由は筆者にもよくわからないが、少なくとも、北方系（中央アジア系）の仏教徒の相変わらぬ支持があったことは否めない。このような意味において、毘沙門天はまさに北方の仏教、北伝仏教の申し子であったといっても過言ではなかろう。わが国の仏教美術史で問題とされている「兜跋毘沙門天像《とばつびしゃもんてん》」の難問も中央アジアの仏教と仏教美術に関わっていることは従来明らかにされているが、本書ではあえて本格的には論及しなかった。というのは、中央アジア、特にホータン地方の毘沙門天像の実体は資料の極端な不足から究明し難いからである。

ガンダーラは中央アジア美術圏

また、上記の三つの文化の融合が、クシャン朝の時代でしか可能でなかったことも判明したと思う。今まで、クシャン族は中央アジア出身の遊牧民族ということで、文化的な貢献などできるはずがないという偏見が支配的であった。しかし、インド史、シルクロード史にとってクシャン族の支配した時代は特筆に値する重要な時期であった。仏教がインド人の輪廻転生《りんねてんしょう》という妄想に執着し、涅槃《ねはん》という実体のない観念を弄《もてあそ》んでいる間は、異民族の帰依を受けることは容易ではなかったから、仏教が国際性を持ち、西域や中国以東に広まる可能性はほとんどなかったのである。そのような閉鎖性を打破したのが、現世利益《げんぜりやく》を追求し、涅槃に代えて極楽往生を目的とした新しい仏教であった。それが大乗仏教かあるいは小乗仏教の一派か、筆者には即断できないが、少なくともこの新しい仏教がクシャン族の統治した時代に興隆したのは疑問の余地がない。

仏教教理におけるクシャン族ないしそのゾロアスター教的な宗教の影響については筆者の専門領域を越えるので、確固たることはいえないが、少なくとも、造形芸術の面においては、クシャン族のさまざまな貢献を度外視しては、ガンダーラの仏教美術の本質は見えてこない。このような研究の視点の重要性と妥当性を明示したいがために、本書においては毘沙門天像を選んで、具体的に説明を試みたつもりである。その結果、ガンダーラの仏教美術はインド美術圏ではなく中央アジア美術圏に組み込むほうが妥当であることが判明したであろう。ガンダーラはインドではなく中央アジアの南端として理解すべきなのである。

大黒天の源流

最後に、毘沙門天と一卵性双生児のような関係にある大黒天（マハーカーラ、Mahākāla）についても、その像の源流がギリシアのヘルメース神、ローマのメルクリウス神に存在することを簡単に述べておこう。大黒天像が手にする財布（金嚢）は、古代インドでは前一世紀ころ（?）に制作されたといわれるクヴェーラ像に見られるが、クシャン朝時代のクヴェーラ像にも頻繁に見られる。そのようなクヴェーラ像に金嚢（財布）を持つファッロー神（図8、9）が対応するのである。金嚢は貨幣経済が盛んになったクシャン朝時代のインドにおける富の象徴的存在であるが、このような伝統は以後も続き、大黒天の典型的な持物となった（義浄『南海寄帰内法伝』巻第一の九、大黒神〔マハーカーラ〕が金嚢を把えて座すと記している）。

わが国においても、大黒天は米俵の上に鎮座する姿で描写されるが、鎌倉時代などの作では手に金嚢を持っている。そして、この金嚢が大黒天の「大黒」と、音読すれば同じ（大国＝だいこく）の「大国主命《おおくにぬしのみこと》」の袋へと移行していったのである。それゆえ、大国主命が肩にかつぐ大きな袋もその源流を尋ぬれば、地中海世界のヘルメース・メルクリウス神の金嚢にたどり着けるのである。それゆえ大国主命の像そのものも、その起源は古代地中海世界のヘルメース・メルクリウス神像にあったといっても決して間違いではないのである。

あとがき

人生にはしばしば偶然の幸運というものがあるようである。本書の誕生もまさに偶然のなせる業であった。一九九二年の秋に古代オリエント博物館で開催された「ゴータマ・ブッダの生涯展」に展示された一つのガンダーラの仏伝浮彫りに遭遇しなかったら、筆者の毘沙門天像の研究はおそらく存在しなかったであろう。その意味で同展を企画実行された堀晄氏には深く感謝している。この僥倖《ぎょうこう》を無に帰さないように筆者は以後、毘沙門天像の起源問題を考究し続け、学位請求論文としてまとめることができた。本書はその学位請求論文の骨子を略述したものであるので、論旨が飛躍している箇所が存在するかもしれない。また、文体も生硬で読みづらいかもしれないが、それはひとえに筆者の文才の乏しさに起因するもので陳謝するほかない。ただし、内容そのものの学術的価値に関しては筆者は絶対的な自信を持っている。特に、ガンダーラの出家踰城図浮彫りにおける魔王マーラの描写を完全に否定し、それに代えて新たに毘沙門天説を提示したことにより、欧米はむろん、国内においても一〇〇年以上の長きにわたって仏教学・美術史学界に君臨していた定説の間違いをはじめて論証したことは、幸運にもめぐまれたが、日本人として誇りに思っている。

このような研究ができたのも、筆者の研究を理解し陰日向に支援してくれた幾人かの友人、恩人が存在したからである。筆者は決して有徳の士ではないが、必ず「隣人」がおり「孤ならず」というのは逆境の身には実に有り難いものであった。記して謝意を表したい。

最後に、本書の編集に対してひとかたならぬ労をとっていただいた吉川弘文館編集部の方々に心からお礼を申しあげたい。

一九九九年七月

田辺勝美

著者紹介

一九四一年、静岡県に生まれる
一九六五年、東京大学教養学部教養学科フランス分科卒業
東京大学総合研究資料館助手、(財)古代オリエント博物館研究部長を経て
現在、金沢大学文学部教授

主要著書
ガンダーラから正倉院へ　シルクロード美術論集（共編著）　世界考古学大図典（共訳）　大英博物館の至宝（共訳）　文明学原論（共編著）　ペルシア美術史（共著）　シルクロードのコイン　シルクロードの貴金属工芸　中央アジア（世界美術大全集）（共編著）

歴史文化ライブラリー
81

毘沙門天像の誕生
シルクロードの東西文化交流

一九九九　一二月一日　第一刷発行

著者　田《た》辺《なべ》勝《かつ》美《み》
発行者　林　英男
発行所　株式会社 吉川弘文館
東京都文京区本郷七丁目二番八号
郵便番号一一三―〇〇三三
電話〇三―三八一三―九一五一〈代表〉
振替口座〇〇一〇〇―五―二四四
印刷＝平文社　製本＝ナショナル製本
装幀＝山崎　登

歴史文化ライブラリー

1996.10

刊行のことば

現今の日本および国際社会は、さまざまな面で大変動の時代を迎えておりますが、近づきつつある二十一世紀は人類史の到達点として、物質的な繁栄のみならず文化や自然・社会環境を謳歌できる平和な社会でなければなりません。しかしながら高度成長・技術革新にともなう急激な変貌は「自己本位な刹那主義」の風潮を生みだし、先人が築いてきた歴史や文化に学ぶ余裕もなく、いまだ明るい人類の将来が展望できていないようにも見えます。このような状況を踏まえ、よりよい二十一世紀社会を築くために、人類誕生から現在に至る「人類の遺産・教訓」としてのあらゆる分野の歴史と文化を「歴史文化ライブラリー」として刊行することといたしました。

小社は、安政四年（一八五七）の創業以来、一貫して歴史学を中心とした専門出版社として書籍を刊行しつづけてまいりました。その経験を生かし、学問成果にもとづいた本叢書を刊行し社会的要請に応えて行きたいと考えております。

現代は、マスメディアが発達した高度情報化社会といわれますが、私どもはあくまでも活字を主体とした出版こそ、ものの本質を考える基礎と信じ、本叢書をとおして社会に訴えてまいりたいと思います。これから生まれでる一冊一冊が、それぞれの読者を知的冒険の旅へと誘い、希望に満ちた人類の未来を構築する糧となれば幸いです。

吉川弘文館

〈オンデマンド版〉
毘沙門天像の誕生
シルクロードの東西文化交流

歴史文化ライブラリー
81

2017年（平成29）10月1日　発行

著　者　田《た》辺《なべ》勝《かつ》美《み》
発行者　吉川道郎
発行所　株式会社　吉川弘文館
〒113-0033　東京都文京区本郷7丁目2番8号
TEL　03-3813-9151〈代表〉
URL　http://www.yoshikawa-k.co.jp/

印刷・製本　大日本印刷株式会社
装　幀　清水良洋・宮崎萌美

田辺勝美（1941～）

ISBN978-4-642-75481-1